essentials

essentials liefern aktuelles Wissen in konzentrierter Form. Die Essenz dessen, worauf es als „State-of-the-Art" in der gegenwärtigen Fachdiskussion oder in der Praxis ankommt. *essentials* informieren schnell, unkompliziert und verständlich

- als Einführung in ein aktuelles Thema aus Ihrem Fachgebiet
- als Einstieg in ein für Sie noch unbekanntes Themenfeld
- als Einblick, um zum Thema mitreden zu können

Die Bücher in elektronischer und gedruckter Form bringen das Expertenwissen von Springer-Fachautoren kompakt zur Darstellung. Sie sind besonders für die Nutzung als eBook auf Tablet-PCs, eBook-Readern und Smartphones geeignet. *essentials:* Wissensbausteine aus den Wirtschafts-, Sozial- und Geisteswissenschaften, aus Technik und Naturwissenschaften sowie aus Medizin, Psychologie und Gesundheitsberufen. Von renommierten Autoren aller Springer-Verlagsmarken.

Weitere Bände in dieser Reihe http://www.springer.com/series/13088

Marco Furtner

Dark Leadership

Narzisstische, machiavellistische und psychopathische Führung

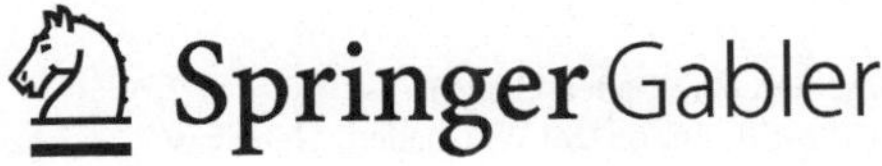

Springer Gabler

Prof. Dr. Marco Furtner
Universität Innsbruck
Innsbruck, Österreich

ISSN 2197-6708   ISSN 2197-6716   (electronic)
essentials
ISBN 978-3-658-18188-8   ISBN 978-3-658-18189-5   (eBook)
DOI 10.1007/978-3-658-18189-5

Die Deutsche Nationalbibliothek verzeichnet diese Publikation in der Deutschen Nationalbibliografie; detaillierte bibliografische Daten sind im Internet über http://dnb.d-nb.de abrufbar.

Springer Gabler
© Springer Fachmedien Wiesbaden GmbH 2017

Gedruckt auf säurefreiem und chlorfrei gebleichtem Papier

Springer Gabler ist Teil von Springer Nature
Die eingetragene Gesellschaft ist Springer Fachmedien Wiesbaden GmbH
Die Anschrift der Gesellschaft ist: Abraham-Lincoln-Str. 46, 65189 Wiesbaden, Germany

Was Sie in diesem *essential* finden können

- Eine Einführung in die dunkle Triade der Persönlichkeit als Basis für Dark Leadership
- Eine Beschreibung und beispielhafte Darstellung der narzisstischen, machiavellistischen und psychopathischen Führung im Rahmen von Dark Leadership
- Eine Beschreibung des dunklen Kerns der Dark Leadership-Führungstendenzen
- Betonung der Notwendigkeit, sich sowohl mit der hellen als auch mit der dunklen Seite von Führung zu beschäftigen

Vorwort

Das vorliegende Buch repräsentiert den vierten und letzten Teil einer Führungstetralogie, welche vom Autor in der *essentials*-Reihe vom Springer Gabler Verlag erscheint. Dark Leadership beschreibt die dunkle Seite von Führung und demnach jene Seite einer Medaille, welche bislang weitgehend verdrängt oder ignoriert wurde. Während im ersten Buch „Effektivität der transformationalen Führung" (Furtner 2016) und im zweiten Buch „Empowering Leadership" (Furtner 2017b) zwei helle Seiten von Leadership beschrieben wurden, fokussiert sich der vorliegende vierte Teil auf die narzisstische, machiavellistische und psychopathische Führung. Das dritte Buch „Dynamische Mitarbeiterführung" (Furtner 2017a) beschreibt die dynamischen und situativen Komponenten effektiven Führungsverhaltens. Während sich die helle transformationale Führung stark am Ideal des Helden fokussiert und die ermächtigende Führung (Empowering Leadership) ihre Macht überhaupt weitgehend abgibt, um die Geführten optimal zu entwickeln, zeigen sich bei der narzisstischen, machiavellistischen und psychopathischen Führung emotional selbstsüchtige und kompromisslose Machttendenzen. Die helle Seite von Führung nimmt sich als prototypisches Vorbild den Helden, wohingegen die dunkle Seite von Führung einen nach Macht und Freiheit strebenden Antihelden beschreibt. Dark Leadership unterliegt wiederum mehreren Abstufungen: Während die narzisstische Führung noch als relativ hell gilt und die Führungskonsequenzen durchaus positiv sein können, kennzeichnet die psychopathische Führung die dunkelste Seite von Dark Leadership.

Der Autor möchte sich herzlich beim Lektorat vom Springer Gabler Verlag, namens bei Frau Ulrike Lörcher und bei Frau Janna Franke für ihr Interesse an der Thematik und die ausgezeichnete Zusammenarbeit bedanken.

Innsbruck, Österreich
im Winter 2016/2017

Marco Furtner

Inhaltsverzeichnis

Einleitung 1

Die Führungsforschung hat sich in den vergangenen Jahrzehnten besonders auf die helle und idealisierte Form von Führung fokussiert (Furtner 2016). Die dunkle Seite von Führung wurde bislang jedoch weitgehend ignoriert (Higgs 2009). In den vergangenen 30 Jahren standen insbesondere charismatische Führungsansätze (charismatische und transformationale Führung) im Mittelpunkt, wobei die transformationale Führung weiterhin einen Spitzenplatz in der Führungsforschung einnimmt (Furtner und Baldegger 2016). *Weshalb übt die charismatische Führung eine solche Faszination aus?* Die transformationale Führung beschreibt eine idealisierte und romantische Form von Führung. Ihre Vorbilder liegen in all jenen mächtigen und einflussreichen Personen, welche die Geschichte der Menschheit geprägt haben: Helden, Märtyrer, Heilige, sowie politische und religiöse Führer. Sie alle haben gemeinsam, dass ihnen (zumindest von ihren Geführten) ein hohes Charisma zugeschrieben wird. Die charismatischen Führungsansätze bedienen sich einem großen Vorbild, dem Heldenmythos (Furtner 2016). Die kulturell verankerte Vorstellung eines Helden zeichnet das Bild einer relativ selbstlosen Person, welche sich für eine große Idee oder für andere Menschen aufopfert. Ein Held reduziert sein Ego auf ein Minimum, nimmt sich selbst zurück und handelt zum Wohle der sozialen Gemeinschaft.

Obwohl eine ungebrochene Begeisterung für das Ideal eines heldenhaften, charismatischen und selbstlosen Helden vorherrscht, drängt sich bei der Beschäftigung mit der dunklen Seite von Führung folgende Frage auf: *Wie viele helle und selbstlose sowie dunkle und selbstsüchtige Führungskräfte dominieren tatsächlich den Führungsalltag?* Die helle und dunkle Seite von Führung repräsentieren zwei Seiten einer Medaille. Die helle Seite entspricht der idealisierten Form eines Helden.

© Springer Fachmedien Wiesbaden GmbH 2017
M. Furtner, *Dark Leadership,* essentials,
DOI 10.1007/978-3-658-18189-5_1

Die dunkle Seite jener eines Antihelden[1]. Ein Held agiert relativ selbstlos und prosozial, ein Antiheld selbstsüchtig und eigennützig. Schwarz und Weiß, Yin und Yang, Hell und Dunkel sowie Held und Antiheld repräsentieren allesamt antagonistische (gegensätzliche) Paare, welche jedoch in direkter Abhängigkeit zueinander stehen: Würde eine Seite (z. B. Held) nicht existieren, dann könnte sich auch die andere Seite (z. B. Antiheld) nicht entfalten. Obwohl es ein edler und idealistischer Gedanke ist, dass Führungskräfte dem hohen Ideal eines Helden entsprechen sollten, zeigt sich ein vermeintlich anderes Bild in der Führungsrealität: Möglicherweise ist eine große Zahl von Führungspositionen mit dunklen Führungstendenzen besetzt. Beispielsweise geht Maccoby (2000) davon aus, dass viele Führungskräfte eine narzisstische Tendenz aufweisen und eine charismatische Wirkung auf ihr Umfeld ausüben können.

Weshalb übt die dunkle Seite eine bestimmte Anziehungskraft auf den Menschen aus? Es ist die Sehnsucht nach Freiheit. Freiheit manifestiert sich in den Gegensätzen: Sie kann sich in hellen und selbstlosen Menschen zeigen, deren Handeln einem höheren sozialen Zweck dient und für welche – im Gegensatz zum „gewöhnlichen" Menschen – existierende Gesetze keine Gültigkeit mehr haben (da höhere ethisch-moralische Gesetze wirksam sind). Ein ähnliches Bild zeigt sich beim anderen Extrempol, dem dunklen und selbstsüchtigen Menschen. Er fühlt sich ebenfalls nicht mehr an die Regeln, Gesetze und Normen der Gesellschaft gebunden. Im Gegensatz zur hellen sieht sich die dunkle Seite von den „Zwängen" der Ethik befreit und stellt sich über diese. Zusammengefasst streben besonders helle (selbstlose) und dunkle (selbstsüchtige) Menschen nach Freiheit. Das Machtmotiv ist das zentrale Mittel, um diese Freiheit zu erlangen (Furtner 2016). Demnach streben sowohl die helle als auch die dunkle Seite nach Macht und Freiheit. Helden und Antihelden können sich über bestehende Regeln und Gesetze hinwegsetzen, die Motive sind jedoch völlig unterschiedlich. Sie sind getrieben von ihren selbstlosen (sozialisierten) oder selbstsüchtigen (personalisierten) Idealen.

Helden versinnbildlichen tugendhafte Eigenschaften: Sie sind ehrlich, selbst kontrolliert, zeigen eine hohe Verantwortung und setzen sich für die soziale Gemeinschaft ein. Antihelden kümmern sich wenig um die Tugenden eines Helden. Beispielsweise sind sie impulsiv, unehrlich, zeigen nur eine geringe soziale Verträglichkeit oder agieren überhaupt frei von jeder Ethik und Moral. Dark

---

[1]Ein Antiheld repräsentiert gegensätzliche Eigenschaften der Tugenden eines Helden, welche durchaus typische menschliche Schwächen (z. B. Egoismus, Hochmut) beinhalten können (vgl. Furtner 2016).

Leadership beschreibt jenen Teil der Führungsrealität, welcher die dunkle Seite beleuchtet: Eine selbstsüchtige Führungskraft, welche möglicherweise genauso effektiv und erfolgreich sein kann, wie eine gute, helle und prosozial orientierte Führungskraft. In Kap. 2 wird mit der dunklen Triade der Persönlichkeit (Narzissmus, Machiavellismus und Psychopathie) die Grundlage von Dark Leadership beschrieben. In weiterer Folge werden im Rahmen von Dark Leadership die narzisstische, machiavellistische und psychopathische Führung vorgestellt (Kap. 3). In Kap. 4 wird die Frage aufgegriffen, ob es einen dunklen (gemeinsamen) Kern von Dark Leadership gibt.

Die dunkle Triade: Basis für Dark Leadership 2

Um Dark Leadership grundlegend zu verstehen, ist es zunächst vonnöten, eine Einführung in die dunkle Triade der Persönlichkeit (Dark Triad of Personality) zu geben. Die dunkle Triade der Persönlichkeit wurde vor 15 Jahren zum ersten Mal von Paulhus und Williams (2002) beschrieben: Sie beinhaltet Narzissmus, Machiavellismus und Psychopathie[1]. Narzissmus ist gekennzeichnet von einer überzogenen Selbstliebe und Ichbezogenheit. Die Beschreibung der narzisstischen Persönlichkeit entstammt aus der klinischen Literatur, welche sich wiederum auf die Geschichte von Narziss aus der antiken griechischen Mythologie bezieht: Der schöne Narziss wurde von beiden Geschlechtern begehrt, wies jedoch alle Umwerbungen aufgrund seiner starken Selbstbezogenheit zurück. Daraufhin wurde Narziss von einem göttlichen Wesen mit unerfüllbarer Selbstliebe bestraft. Er verliebte sich in sein eigenes Spiegelbild. Bis zu seinem Tode erkannte Narziss mehr und mehr, dass die Selbstliebe niemals gesättigt und den hohen Ansprüchen der perfekten und wahren Liebe nicht gerecht werden kann. Machiavellismus repräsentiert eine besonders manipulative Persönlichkeit und wird auf die Staatsphilosophie von Niccolò Machiavelli zurückgeführt, welcher im 15. Jahrhundert ein politischer Berater der Medici Familie war. Christie und Geis (1970) nahmen die unterschiedlichen Werke von Machiavelli (insbesondere seine bekannteste Schrift: Il Principe – Der Fürst) als Grundlage und prägten damit in jüngerer Zeit

---

[1]Im Rahmen der dunklen Triade der Persönlichkeit werden Narzissmus und Psychopathie *nicht* als abnorme Störungen betrachtet, sondern sie befinden sich im Bereich des „Normalen". Bei Narzissmus und Psychopathie handelt es sich demnach nicht um klinische Persönlichkeitsstörungen, sondern um „abgemilderte" (subklinische) Formen. Die „extremeren" klinischen Ausprägungen von Narzissmus und Psychopathie werden als pathologisch betrachtet.

© Springer Fachmedien Wiesbaden GmbH 2017
M. Furtner, *Dark Leadership,* essentials,
DOI 10.1007/978-3-658-18189-5_2

den Begriff Machiavellismus. Wie Narzissmus entstammt Psychopathie aus der klinischen Literatur. Personen mit hoher Psychopathie sind impulsiv, kaltherzig und erlebnishungrig.

Unter den Dark Triad-Persönlichkeitseigenschaften zählt Narzissmus zur hellsten und positivsten Dimension, während Psychopathie am wenigsten adaptiv und sozial akzeptiert ist. Narzissten, Machiavellisten und Psychopathen haben gemeinsam, dass sie allesamt selbstsüchtig, emotional kalt, und manipulativ sind (Furnham et al. 2013; Paulhus 2014). Dennoch zeigen sich auch klare Unterschiede, beispielsweise im zwischenmenschlichen Verhalten und in sozialen Beziehungen, welchen zwei Motive zugrunde liegen:

1. *Dominanz/Handlungskompetenz:* Sie stehen in Beziehung zu Autonomie und Überlegenheit.
2. *Zugehörigkeit/Gemeinschaft:* Hilfestellung und Pflege sozialer Beziehungen.

Narzissmus und Psychopathie stehen mit einer besonders hohen Dominanz in Verbindung. Im Gegensatz zu Narzissmus zeigen Psychopathie und Machiavellismus nur ein geringes Zugehörigkeitsgefühl zur sozialen Gemeinschaft (Dowgwillo und Pincus 2017). Das heißt, sowohl Narzissten als auch Psychopathen wollen in der sozialen Gemeinschaft eine dominante (Führungs-)Rolle einnehmen, wobei Psychopathen und Machiavellisten nur ein geringes Gemeinschaftsgefühl aufweisen. Hingegen nimmt der soziale Anschluss für Narzissten einen wichtigeren Stellenwert ein. Narzissten sind abhängig von äußerer Anerkennung und Bewunderung. Um diese zu erhalten, benötigen sie eine gewisse Akzeptanz von ihrem sozialen Umfeld. Dies könnte ein möglicher Grund dafür sein, weshalb Narzissmus noch die vergleichsweise sozialste Dimension der dunklen Triade ist und folglich die narzisstische Führung möglicherweise die positivsten Effekte auf die Geführten zeigt.

Wie selbst kontrolliert sind Narzissten, Machiavellisten und Psychopathen? Psychopathie zeigt die höchste Impulsivität (= geringste Selbstkontrolle), gefolgt von Narzissten und den relativ selbst kontrollierten Machiavellisten (Malesza und Ostaszewski 2016; Paulhus 2014). Machiavellismus und Psychopathie haben gemeinsam, dass sie hoch manipulativ sind. Dies bedeutet, dass Machiavellisten und Psychopathen wenig an der Akzeptanz einer sozialen Gemeinschaft interessiert sind. Sie legen ihren Fokus vermehrt auf die taktische Manipulation anderer Personen und haben tendenziell eine negative Art von Humor (aggressiv und kontraproduktiv). Hingegen verfügen Narzissten über eine positivere Form von Humor (Veselka et al. 2010) und eine höhere sozio-emotionale Intelligenz (Nagler et al. 2014). Narzissten fokussieren sich stärker auf ihre Einzigartigkeit und

Großartigkeit, gefolgt von Psychopathen und Machiavellisten, welche keine Tendenz zu Größenfantasien aufweisen. Zusammengefasst betrachtet verfügen die selbstverliebten Narzissten über die höchste soziale Intelligenz, die taktischen Machiavellisten sind selbst kontrolliert, berechnend und zeigen nur wenig Emotionen, während die kalten und unberechenbaren Psychopathen sehr impulsiv und emotional sind. Narzissmus repräsentiert die hellste und Psychopathie die dunkelste Form der dunklen Triade. Um die besondere Bedeutung der dunklen Triade der Persönlichkeit für den Führungskontext näher zu erläutern, wird nachfolgend eine jeweils getrennte Beschreibung von Narzissmus, Machiavellismus und Psychopathie gegeben.

1. Narzissmus: Narzissten haben ein übermäßiges Ego, welches sich in einem selbstsüchtigen Verhalten zeigt (Paulhus und Williams 2002). Sie sind die typischen Selbstdarsteller und wollen von anderen Menschen die höchste Anerkennung und Bewunderung erfahren. Für Raskin und Hall (1979) setzt sich Narzissmus aus vier zentralen Elementen zusammen: 1) *Großartigkeit,* 2) *Anspruchsrecht,* 3) *Dominanz* und 4) *Überlegenheit.* Ein weiteres Kernmerkmal von Narzissmus ist die Kränkung. Erfahren Narzissten nicht die gewünschte und fortlaufende Anerkennung oder werden sie sogar kritisiert, dann nehmen sie dies sehr persönlich und es folgt unmittelbar die Reaktion einer Kränkung. Diese führt in weiterer Folge zu irrationalen Handlungen. Die Kränkung ist neben der übersteigerten Selbstliebe die größte Schwachstelle eines Narzissten. Mittels ihrer Visionen und ihres Charismas können Narzissten sehr viel erschaffen und äußerst erfolgreich sein. Hingegen können gekränkte Narzissten sogar ihr Lebenswerk zerstören und einen „Trümmerhaufen" hinterlassen. Auf den ersten Blick wirken diese „selbstzerstörerischen" narzisstischen Akte für Außenstehende irrational.
Neuere Ansätze zur Beschreibung des Narzissmus fokussieren sich auf eine helle und eine dunkle Seite des Narzissmus: Beispielsweise wird ein *grandioser* (großartiger) versus ein *vulnerabler* (verletzlicher) Narzissmus beschrieben (z. B. Cain et al. 2008). Ähnlich fokussieren sich Back et al. (2013) auf die narzisstische *Bewunderung* versus *Rivalität.* Die narzisstische Bewunderung repräsentiert die helle Seite des Narzissmus: Narzissten streben nach Einzigartigkeit, haben Größenfantasien und zeigen ein liebenswürdiges (charmantes) Verhalten. Die narzisstische Rivalität fokussiert sich auf die dunkle Seite des Narzissmus: Rivalisierende Narzissten möchten anderen überlegen sein, indem sie deren Qualitäten und Leistungen abwerten und ein aggressives Verhalten zeigen. Mittel- bis langfristig wird eine rivalisierende und zugleich aggressive Form des Narzissmus von der sozialen Gruppe abgelehnt.

Beispiel: Grandioser versus rivalisierender Narzissmus

Heller Narzissmus: Amelie ist Leiterin für die Produktentwicklung eines namhaften Unternehmens in der IT-Branche. Bereits in der Kindheit fokussierte sie sich auf ihr Streben nach Einzigartigkeit. Für Amelie ist es wichtig, dass sie als etwas Besonderes wahrgenommen wird und auch die entsprechende Anerkennung und Bewunderung von anderen erhält. Ihre Gedanken sind von positiven und herausragenden Vorstellungen der Zukunft getrieben. Wenn auch für ihr Umfeld bestimmte Hürden noch so unüberwindbar scheinen, Amelie ist davon überzeugt, dass sie mit ihrer charismatischen Persönlichkeit alles erreichen kann. Auf Basis ihrer grandiosen Fantasien vermittelt sie ihren Mitarbeitenden hoffnungsvolle Visionen von einer strahlenden und erfolgreichen Zukunft. Obwohl sie ein dominantes und expressives Verhalten zeigt, überzeugt sie ihre Mitarbeitenden mit einer liebenswerten und charmanten Art. Dadurch erreicht sie schließlich ihr Ziel, nämlich die höchste Anerkennung und Bewunderung von ihrem sozialen Umfeld zu erhalten.

Dunkler Narzissmus: Dirk arbeitet als Kunden- und Anlagenberater in einer Regionalbank. Er ist davon getrieben, der internen Konkurrenz überlegen zu sein. Um diese Überlegenheit zu erreichen, nutzt er als zentrales Antriebsmittel den Neid. Erfolge von Kollegen werden abgewertet und zugleich die eigenen Leistungen aufgewertet. Dirk zeigt anderen Personen gegenüber ein aggressives Verhalten. Nicht nur gegenüber seinen Kollegen ist er streitsüchtig, sondern auch von den Kunden wird er durch seine arrogante und herablassende Art als relativ unsympathisch wahrgenommen.

2. Machiavellismus: Machiavellisten sind Meister der taktischen Täuschung und Manipulation. Kalt, berechnend und selbst kontrolliert verfolgen sie ihre mittel- bis langfristigen (Karriere-)Ziele (Paulhus 2014). Für Machiavellisten ist die zwischenmenschliche Manipulation der Schlüssel zum Lebenserfolg. Um ihre Ziele (Geld, Macht, Status) zu erreichen, ist ihnen jedes Mittel recht. Deshalb verspüren Machiavellisten auch nur wenig Reue oder Schuldgefühle, wenn sie die manipulativen und antisozialen Strategien des Lügens, Täuschens und Betrügens einsetzen. Ethik und Moral spielen für sie nur eine untergeordnete Rolle. Die Maxime von Machiavellisten lautet, dass der „Zweck die Mittel heiligt" und demnach agieren sie kaltherzig und berechnend. Im Gegensatz zu Narzissten interessieren sich Machiavellisten nicht sonderlich für die soziale Anerkennung oder Bewunderung. Für sie ist es wichtig, die *Symbole* der Macht (z. B. Geld, Titel, Status, Besitz, Einfluss) zu erlangen. Während Narzissten gerne auf der Bühne im Mittelpunkt stehen und im Scheinwerferlicht

bewundert werden wollen, verbleiben Machiavellisten als mächtige Produzenten und Regisseure im Hintergrund. Sie sind jene Puppenspieler, welche nachhaltig ihre Positionen sichern, im Hintergrund ihre Macht ausspielen und zugleich nur wenig angreifbar sind. Während narzisstische „Schauspieler" für eine gewisse Zeit auf der Bühne stehen, um danach möglicherweise ausgetauscht zu werden, spielen Machiavellisten im Hintergrund als einflussreiche Produzenten ihre Macht aus und genießen den (dauerhaften) Erfolg. Aus ihrer Sicht sind ruhmsüchtige Schauspieler austauschbar, während Machiavellisten längerfristig ihre Macht und ihren Status genießen können.

Beispiel: Machiavellismus

Michael arbeitet als Projektleiter in einem Unternehmen der Automobil-Branche, welches sich unter anderem auf die Zulieferung von Lenksäulen für bekannte Automobilhersteller spezialisiert hat. Das Projektteam setzt sich aus sieben technischen Fachspezialisten zusammen. Insgeheim verfolgt er das langfristige Ziel, in die Geschäftsleitung aufzusteigen, um Geld, Macht sowie Status zu erlangen und die Dinge im Hintergrund beeinflussen zu können. Michael versteht es, seine Mitarbeitenden mittels taktischen Tricks, Versprechungen und Täuschungen zu Höchstleistungen zu motivieren. Auf subtile und manipulative Art und Weise spielt er die einzelnen Fachspezialisten gegeneinander aus (jeder erhält nur „portionierte" und maximal halbwahre Informationen). Michael achtet penibel darauf, dass nur er den Überblick über alle Informationen hat. Fortschritte in der Produktentwicklung verkauft Michael vor der Entwicklungs- und Geschäftsleitung als persönlichen Erfolg. Zudem pflegt er enge Beziehungen zu Schlüsselpositionen in der Entwicklungs- und Geschäftsleitung. Er versteht es, den „Mächtigen" geschickt einzuschmeicheln und pflegt auch privat ein Naheverhältnis zu den Machthabern der Organisation (z. B. exklusive Weinverkostungen, gemeinsame sportliche Aktivitäten). Obwohl seine Projektmitarbeiter bereits einen leisen Verdacht hegen, dass es sich bei Michael um einen „ausgefuchsten" Machiavellisten handelt, verbleibt er geschickt im Hintergrund und ist für sie kaum „greifbar". Seine Projektmitarbeiter nehmen ihn als schlangenhaft und „aalglatt" wahr: Für sie agiert Michael geschickt und ist nur schwer durchschaubar. Michael achtet sorgsam darauf, dass er mit seiner manipulativen Art nicht auffliegt und sein langfristiges Karriereziel erreicht.

3. Psychopathie: Aufgrund ihrer impulsiven und wenig selbst kontrollierten Art sind Psychopathen häufig sehr unberechenbar. Zugleich sind sie erlebnishungrig und suchen ständig nach einem neuen Reiz. Die geringe Selbstkontrolle

von Psychopathen paart sich mit der geringen Fähigkeit, sich in andere Menschen einzufühlen (Empathie). Psychopathen sind impulsiv, kalt und gefühllos. Durch ihre impulsive und energische Art verstehen es Psychopathen, andere Menschen zu manipulieren. Die besondere Mischung aus geringer Selbstkontrolle, hoher Impulsivität, Unberechenbarkeit und Gefühllosigkeit ist ein sozialer „Sprengstoff", welcher bereits in unzähligen Büchern und Filmen dargestellt wurde. Bei der Beschreibung der nicht-klinischen Psychopathie muss jedoch eine deutliche Abgrenzung von der allgemeinen Vorstellung eines gefühlskalten und skrupellosen Serienmörders vorgenommen werden. Dieser stellt eine klinische Extremform der Psychopathie dar und wird beispielsweise im DSM-5[2] als antisoziale Persönlichkeitsstörung diagnostiziert.

Hare (2003) unterteilt die Psychopathie in zwei Dimensionen: *Primäre Psychopathie,* welche sich durch gefühlskalte und manipulative Eigenschaften auszeichnet und *sekundäre Psychopathie* mit antisozialen Verhaltenstendenzen. Die zweite („extremere") Dimension zeigt starke Unterschiede zum Narzissmus und Machiavellismus (Jones und Figueredo 2013). Während Narzissten ihre Impulsivität noch bis zu einem gewissen Grad steuern können, bricht sie bei Psychopathen schon relativ unkontrolliert aus. Demnach haben Psychopathen das zentrale Defizit, ihre (antisozialen) Impulse hemmen zu können. Im Vergleich zu Narzissten und Machiavellisten zeigen Psychopathen ein risikoreicheres und aggressiveres Verhalten. Zudem tyrannisieren, schikanieren und mobben sie ihre Mitmenschen mehr (Baughman et al. 2012; Pailing et al. 2014). Unter der dunklen Triade der Persönlichkeit repräsentiert die Psychopathie demnach die dunkelste Dimension.

Beispiele: Psychopathie

Beispiel 1: Herbert führt ein traditionsreiches mittelständiges Familienunternehmen in dritter Generation. Drei Jahre zuvor hatte er das Unternehmen von seinem Vater unter schwierigen Bedingungen übernommen. Obwohl das Unternehmen mittlerweile wieder schwarze Zahlen schreibt, ist Herbert für seine plötzlichen cholerischen Wutausbrüche berühmt und gefürchtet. Während er an manchen Tagen relativ umgänglich ist, kann er im nächsten Moment – ohne jeglichen ersichtlichen Grund – seine Mitarbeiter anschreien, tyrannisieren oder sogar spontan entlassen. Herbert führt ein Regime der Angst, Furcht und Einschüchterung. Seine Art der Unternehmensführung bewegt sich am schmalen Grat zwischen „Genie" und „Wahnsinn".

---

[2]Diagnostischer und statistischer Leitfaden psychischer Störungen.

Beispiel 2: In der Fernsehserie „Breaking Bad" (Staffel 1) trifft der an Lungenkrebs erkrankte Chemie-Lehrer Walther White, welcher aus finanziellen Gründen zunehmend in die kriminelle Szene abdriftet, auf den gefühlskalten Drogenboss Tuco Salamanca, der aufgrund einer Impulskontrollstörung einen prototypischen Psychopathen darstellt. In einer eindrücklichen Szene an einem Schrottplatz für Autorecycling fühlt sich Salamanca von seinem eigenen Mitarbeiter in seiner Macht beschnitten, weil dieser seiner Ansicht nach nicht vor ihm als erster das Wort ergreifen und ihn dadurch als „dumm" dastehen lassen solle. Nach einer Achterbahn der Gefühle, welche von Moment zu Moment wechselte (schreiende Maßregelung, verzweifeltes Lachen, vermeintliche Beruhigung, Zornesausbruch) schlägt er ohne Kontrolle und ununterbrochen auf seinen Mitarbeiter ein. Nachdem sein Mitarbeiter reglos auf dem Boden liegen bleibt, folgt abschließend ein unberechenbar-psychopathisches Lächeln von Salamanca.

Beispiel 3: Die wohl eindrucksvollste filmische Darstellung eines intelligenten Psychopathen in den vergangenen Jahren war die Rolle des Jokers (dargestellt von Heath Ledger) in dem Film „The Dark Knight". Aus machtdemonstrativen Gründen verlangt der Joker in einem Verhör nach Batman. Im Aufeinandertreffen versucht der Joker zunächst seine manipulative Seite auszuspielen („Wir sitzen in demselben Boot"). Der Joker möchte Batman den Spiegel vorhalten, indem er ihn ebenfalls als einen gefühlskalten Antihelden bezeichnet. Prototypisch für einen Psychopathen sind zudem die raschen Emotionswechsel des Jokers (z. B. rational argumentierend, überzogenes „verrücktes" Lachen). Der Joker spricht bestimmt und provoziert Batman so lange, bis dieser seine Kontrolle verliert und ihn körperlich schlägt. Ebenfalls spielt der Joker immer wieder auf die Ethik und Moral von Batman an, welche ihn zu einem Gefangenen machen würde, während der Joker gewissenlos und kalt über jeglicher Regel steht und frei ist. Der Joker zeigt Batman seine (mächtige) Überlegenheit, indem er ihn lachend verhöhnt und ihm nicht einmal der von Batman zugefügte körperliche Schmerz etwas anhaben kann. In einer anderen Szene verbrennt der Joker einen Berg aus Geld, welches für den Psychopathen (im Gegensatz zum Machiavellisten) nur relativ wenig Bedeutung hat. Der psychopathische Joker ist auf der ständigen Suche nach einem besonderen Reiz und genießt das Machtspiel an sich.

Dark Leadership 3

Die narzisstische, machiavellistische und psychopathische Führung sind noch relativ wenig erforscht (Spain et al. 2013), obwohl sich in jüngerer Zeit ein gesteigertes Interesse für die dunkle Führungsthematik findet (Cohen 2016). Unter den Dark Leadership-Führungstendenzen finden sich die meisten Studien zur helleren narzisstischen Führung. Hingegen ist die dunklere psychopathische Führung noch weitgehend unerforscht. Die narzisstische, machiavellistische und psychopathische Führung haben gemeinsam, dass sie allesamt ein hohes Bedürfnis nach *Macht* gepaart mit einer hohen *sozialen Dominanzorientierung* haben (Hodson et al. 2009; Jones und Figueredo 2013). Soziale Dominanzorientierung bedeutet, dass dunkle Führungskräfte einerseits die Gespräche mit ihren Mitarbeitern kontrollieren und andererseits Druck auf die Geführten aufbauen wollen. Demnach versuchen Dark Leadership-Führungskräfte immer die Macht und Kontrolle über ein Gespräch zu behalten. Dominante Führungskräfte sind machthungrig und manipulativ (Altemeyer 2004). Die soziale Dominanzorientierung wurde in der Literatur schon relativ früh beschrieben und könnte ein Mittel sein, um Führungskräfte von nicht-Führungskräften zu unterscheiden (Judge et al. 2009; Mann 1959). Beispielsweise ist die Wahrscheinlichkeit höher, dass dominante Personen in Führungspositionen aufsteigen (Leader Emergence) und für diese als geeignet angesehen werden (Son Hing et al. 2007). Dominante Führungskräfte werden als autoritär und kompetent wahrgenommen, auch wenn sie in Wirklichkeit gar nicht so kompetent sind (Judge et al. 2009).

Obwohl das personalisierte (selbstsüchtige) Machtmotiv und die soziale Dominanzorientierung eine verbindende Basis für Dark Leadership darstellen, zeigen sich bei näherer Betrachtung charakteristische Unterschiede zwischen der narzisstischen, machiavellistischen und psychopathischen Führung. Die Autorität und Dominanz von Narzissten lässt sich durch ihre egoistische und arrogante Art begründen (Morf und Rhodelwalt 2001). Machiavellisten sind kalt, berechnend

© Springer Fachmedien Wiesbaden GmbH 2017
M. Furtner, *Dark Leadership,* essentials,
DOI 10.1007/978-3-658-18189-5_3

und strategisch auf Langzeitziele fokussiert. Auf Basis taktischer Überlegungen nutzen Machiavellisten möglicherweise die Funktionsweise eines autoritären und dominanten Auftretens, welches sie zudem als kompetent erscheinen lässt. Psychopathische Führungskräfte sind ebenfalls grundlegend machtmotiviert, sozial manipulativ und können für sich – trotz ihres impulsiven Verhaltens – die Vorteile eines sozial-dominanten Verhaltens nutzbar machen.

3.1 Narzisstische Führung

Narzisstische Führungskräfte besetzen viele wirtschaftliche, politische, militärische und religiöse Führungspositionen (Maccoby 2000; Rosenthal und Pittinsky 2006). Sie werden als dominant, autoritär und arrogant wahrgenommen. In Gruppen werden narzisstische Personen häufiger als Führungskraft bestimmt (Leader Emergence). Sie sind zudem als Führungskräfte sehr effektiv (Nevicka et al. 2011). Narzisstische Führungskräfte sind extravertiert, sehr ausdrucksstark (Grijalva et al. 2015) und können sich gut selbst führen (Furtner et al. 2011). Self-Leadership stellt wiederum eine wichtige Basis für aktives (charismatisches) und effektives Führungsverhalten dar (Furtner und Baldegger 2016; Furtner et al. 2013).

Generell zeigen narzisstische Führungskräfte ein komplexes Bild bezüglich ihrer Arbeitsleistung. Besetzen Narzissten in Organisationen höhere Führungspositionen (z. B. im Top-Management), dann reduziert sich ihre persönliche Leistung entsprechend. Im Umkehrschluss bedeutet dies, dass narzisstische Führungskräfte umso höhere persönliche Leistungen erbringen, je niedriger ihre (Führungs-)Position innerhalb einer Organisation ist (O'Boyle et al. 2012). Dies hat mehrere Ursachen: Nehmen narzisstische Führungskräfte noch keine der begehrten höheren Positionen in einer Organisation ein, dann kompensieren sie ihre – persönlich noch relativ unbefriedigende Situation – mit einer höheren Arbeitsleistung. Eine herausragende Leistung fördert wiederum ihr narzisstisches Selbstbild, welches sich nach (sozialer) Anerkennung sehnt. Auf Basis ihrer außergewöhnlichen Leistungen erhalten sie von ihrem Umfeld Lob und Bewunderung. Ein weiterer Vorteil liegt darin, dass narzisstische Führungskräfte auf niedrigeren Führungsebenen in Organisationen mit besonderen Leistungen auf sich aufmerksam machen. Dadurch erhöht sich wiederum die Wahrscheinlichkeit, dass sie innerhalb ihrer eigenen Organisation aufsteigen oder ihre Karriere in einer anderen Organisation weiterverfolgen können. Hat die narzisstische Führungskraft ihr Ziel erreicht und befindet sie sich demnach in einer angesehenen Führungsposition oder sogar an der Spitze einer Organisation, dann „sonnt" sich die selbstverliebte Führungskraft in ihrem allmächtigen Glanz und zeigt zugleich eine etwas geringere Arbeitsleistung.

Narzisstische Führungskräfte zeigen geringere Leistungen in Organisationen, wenn ein hoher Gruppen-Kollektivismus vorliegt. Das heißt, besteht eine hoher Gruppenzusammenhalt, dann reduziert sich die Leistung einer narzisstischen Führungskraft (O'Boyle et al. 2012). Herrschen bereits ein hoher (kollektiver) Zusammenhalt und eine hohe Vertrautheit in Gruppen vor, dann fühlen sich narzisstische Führungskräfte unbehaglich, da die individuelle Leistung in einem kollektiven System eine weniger wichtige Rolle einnimmt. Sie fürchten um ihre Einzigartigkeit, individuelle Anerkennung und Bewunderung. Ein höherer Kollektivismus in Gruppen hat auch seine Vorteile, er übernimmt eine Kontrollfunktion bezüglich des destruktiven Arbeitsverhaltens (Counterproductive Work Behavior, CWB) von Narzissten. Allgemein zeigen Narzissten positive Beziehungen zu einem destruktiven Arbeitsverhalten. Das heißt, narzisstische Führungskräfte handeln eigennützig, umgehen für gewöhnlich die Normen und Regeln von Organisationen und können sowohl den Geführten, der Organisation als auch den Kunden Schaden zufügen. Liegen in Gruppen und Organisationen bereits ein starker innerer Zusammenhalt und eine hohe Vertrautheit vor, dann fühlen sich narzisstische Führungskräfte nicht allzu wohl. Möglicherweise deshalb, weil narzisstische Führungskräfte als einzigartige „Gottmenschen" die Welt selbst beeinflussen und nach ihren Vorstellungen und Regeln lenken, gestalten und verändern möchten.

Narzissten wählen gerne Berufe (z. B. künstlerische Berufe) und Organisationen, bei welchen sie soziale Anerkennung und Bewunderung erhalten. Zudem werden sie gerne unternehmerisch tätig und nehmen ihre Arbeitsplätze als stärker autonom und prestigeträchtig wahr (Baldegger et al. im Druck; Jonason et al. 2014). Narzissten können sehr erfolgreich sein: Nach Spurk et al. (2016) zeigt Narzissmus positive Beziehungen zum objektiven Karriereerfolg (Gehalt). Narzisstische Führungskräfte haben zudem positiven Einfluss auf ihre Geführten und dies sowohl subjektiv (Karrierezufriedenheit der Geführten) als auch objektiv (Gehalt und Beförderung der Geführten). Im Vergleich zu machiavellistischen und psychopathischen Führungskräften kümmern sich narzisstische Führungskräfte mehr um ihre Geführten und zeigen weniger unethische Verhaltensweisen (Roeser et al. 2016; Volmer et al. 2016). Als „Gegenleistung" können sich narzisstische Führungskräfte eine entsprechende Anerkennung und Bewunderung erwarten. Mittels ihrer charmanten Art setzen Narzissten in der zwischenmenschlichen Manipulation tendenziell „weichere" Taktiken ein (z. B. Komplimente geben; Jonason et al. 2012).

In der Literatur wird häufig von einer hellen und einer dunklen Seite der narzisstischen Führung gesprochen, jedoch sind narzisstische Führungskräfte nicht per se gut oder böse. Vieles hängt vom situativen Kontext ab, ob narzisstische Führungskräfte einen „Fluch" oder einen „Segen" für eine Organisation darstellen können. Narzisstische Führungskräfte können positive Effekte in jenen Organisationen ausüben, in welchen:

- sich eine dynamische Umwelt vorfindet (z. B. Krisen, Instabilität)
- eine strukturelle Autonomie existiert (z. B. keine strengen Kontrollen)
- eine individualistische Kultur vorherrscht und narzisstische Führungskräfte sich in ihrem Bedürfnis nach Macht, Bewunderung und Anerkennung entfalten können

Eine der größten Stärken von narzisstischen Führungskräften liegt darin, dass sie allgemein als sehr charismatisch wahrgenommen werden und demzufolge mit der charismatischen und transformationalen Führung in Verbindung stehen (Furtner 2016). Auch Charisma hat eine helle und eine dunkle Seite und demnach ist es nicht überraschend, dass in der Literatur die helle und die dunkle Seite (Vor- und Nachteile) der narzisstischen Führung gegenüber gestellt werden. Helle narzisstische Führungskräfte mit einem hohen Selbstwert und einem selbstbewussten Auftreten werden von ihren Geführten besser bewertet als dunkle narzisstische Führungskräfte, welche stark manipulativ sind und eine hohe Eindruckssteuerung (Impression Management) aufweisen (Paunonen et al. 2006). Die helle und die dunkle Seite beziehungsweise die Vor- und Nachteile der narzisstischen Führung werden in Tab. 3.1 dargestellt.

Ein zentraler Antrieb für narzisstische Führungskräfte ist ihr unbändiges Streben nach Macht. Das personalisierte (selbstsüchtige) Machtmotiv spielt sowohl bei der narzisstischen, machiavellistischen und psychopathischen Führung eine zentrale, wenn nicht überhaupt die wichtigste Rolle, wobei es bei der narzisstischen Führung seine strahlende, charismatische und expressive Ausprägung zeigt. Macht, Narzissmus und Charisma stehen in einer positiven Beziehung zueinander. Für Deluga (1997) hatten die meisten US-amerikanischen Präsidenten ein hohes Machtmotiv, kombiniert mit einem narzisstisch-charismatischen Führungsverhalten. Die charismatische Führung kann relativ selbstlos oder selbstsüchtig agieren (Conger 1990; Furtner 2016). Die narzisstische Führung kann sowohl mit der hellen als auch mit der dunklen charismatischen Führung in Beziehung stehen. Auf den ersten Blick erscheint es widersprüchlich, weshalb eine dunkle und selbstsüchtige narzisstische Führung mit einer hellen und relativ selbstlosen

Tab. 3.1 Helle und dunkle Seite der narzisstischen Führung

Helle und dunkle Seite der narzisstischen Führung (Judge et al. 2009)	
Hell	Dunkel
• Charismatisch • Innovativ • Hohe Führungseffektivität • Konsensorientiert (sowohl in politischen als auch in Beeinflussungsprozessen) • Hohe organisationale Leistung	• Großartige Selbstliebe (andere Menschen sind ihnen unterlegen) • Arrogant • Unsensibel und feindselig • Mangel an Empathie
Vor- und Nachteile der narzisstischen Führung (Maccoby 2000)	
Vorteile	Nachteile
• Große Visionäre • Charismatisch • Hohe Begabung, die Geführten in ihren Bann zu ziehen	• Reagieren übersensibel auf Kritik • Schlechte Zuhörer • Mangel an Einfühlungsvermögen • Mangel, andere Menschen zu beraten • Konkurrierend (rivalisierend)
Vor- und Nachteile der narzisstischen Führung (Rosenthal und Pittinsky 2006)	
Vorteile	Nachteile
• Höchst zuversichtlich und dominant • Inspirieren ihre Geführten auf Basis großer Visionen • Formen die Zukunft • Verfügen über ein starkes Charisma	• Arrogant • Gefühle der Minderwertigkeit und inneren Leere • Bedürfnis nach Anerkennung und Überlegenheit • Übermäßig sensibel und verärgert • Unmoralisch • Irrational und unflexibel • Paranoid (Feinde werden geschaffen, obwohl offensichtlich keine existieren)

charismatischen Führung in Verbindung stehen soll. Ein möglicher Erklärungsansatz hierfür kann sein, dass Macht nicht statisch ist, sondern sich auf dynamische Art und Weise entwickelt. Das Machtmotiv unterliegt einem Entwicklungsprozess (McClelland 1975). Während sich die narzisstische Führung bereits in eine sehr mächtige und zugleich selbstsüchtige Machtentwicklungsstufe einordnen lässt, erkennt das selbstverliebte Ego an seinem absoluten Entwicklungshöhepunkt, dass es mehr und mehr an seine Grenzen stößt und zunehmend polarisiert (es erfährt sowohl soziale Bewunderung als auch Ablehnung). Dadurch kann das Ego seine Macht nicht mehr weiter ausdehnen (vgl. Furtner 2016). Wird dieser Aspekt von einer narzisstischen Führungskraft erkannt und möchte sie über eine noch größere Macht und Einfluss verfügen, dann bieten sich zwei Möglichkeiten an:

1. Transformation: Die narzisstische Führungskraft reduziert schrittweise ihr Ego. Dadurch geschieht eine Umwandlung von einer selbstsüchtigen zu einer relativ selbstlosen Führungskraft. Dies entspricht einem Evolutionsschritt in der Psychoentwicklung des Menschen. Narzisstische Führungskräfte erkennen, dass sie mit ihrem egozentrischen Verhalten an ihre Grenzen stoßen. Sie entdecken für sich, dass die einzige Konsequenz zu mehr Einfluss und Anerkennung in der Reduktion des Egos liegt. Dadurch kann sich das sozialisierte (selbstlose) Machtmotiv entwickeln. Das heißt, durch die schrittweise Reduktion des Egos nutzt die narzisstische Führungskraft ihre Macht und Stärke, um andere Menschen zu entwickeln, zu unterstützen und ihnen zu helfen. Als „Früchte" für ihre relativ selbstlosen Aktivitäten erhält sie Dankbarkeit, eine breite soziale Anerkennung und Bewunderung.
2. Pseudotransformation: Die narzisstische Führungskraft bleibt selbstsüchtig und spielt ein sozialisiertes (selbstloses) Machtmotiv nur vor. Demnach bleibt das Grundmotiv der narzisstischen Führungskraft egoistisch. Jedoch hat eine narzisstische Führungskraft erkannt, dass sie noch mehr Anerkennung und Bewunderung erhalten kann, wenn sie ein sozialisiertes Machtmotiv „vorspielt". In diesem Fall gleicht die narzisstische Führungskraft einem mehr oder weniger guten Schauspieler. Je authentischer sie ihre selbstlose Rolle vermittelt, desto mehr strahlt sie ihr „neu gewonnenes" sozialisiertes Charisma aus. Die narzisstische Führungskraft erhofft sich dadurch eine breitere soziale Anerkennung und Bewunderung.

Welche Auswirkungen hat Narzissmus auf die Entstehung und die Effektivität von Führung? Aktuelle Studien zeigen ein differenziertes Bild. Sowohl ein besonders geringer als auch hoher Narzissmus wirken sich negativ auf die Führungseffektivität aus. Optimal wäre ein mittelmäßig ausgeprägter Narzissmus der Führungskraft, welcher sich positiv auf die Führungseffektivität auswirkt (Grijalva et al. 2015). Möchten narzisstische Führungskräfte ihre Führungseffektivität steigern, ist es ratsam, dass sie sich besonders auf ihre helle narzisstische Seite fokussieren. Demnach sollten sie ihren Fokus vermehrt auf ihre eigene Stärke und Größe richten und sich an dem Kernmotiv und dem letztendlichen Ziel des Narzissmus orientieren, nämlich die höchste Anerkennung und Bewunderung von anderen Menschen zu erhalten. Dies wird erreicht, indem sich narzisstische Führungskräfte auf ihre Einzigartigkeit fokussieren („Ich bin etwas ganz Besonderes und einzigartig auf dieser Welt"), große, visionäre Fantasien von sich selbst und ihrer Zukunft haben („Ich kann große Dinge in dieser Welt bewegen") und im sozialen Kontext ein charmantes Auftreten zeigen („Ich bin ein liebenswürdiger Mensch, welcher von anderen Personen einfach geliebt werden muss").

Generell besteht bei narzisstischen Führungskräften mittel- bis langfristig die Gefahr, dass sie aufgrund ihres übermäßigen Egos und ihres selbstsüchtigen Verhaltens vom sozialen Umfeld zurückgewiesen werden. Narzisstische Führungskräfte können kurzfristig einen besonderen Glanz ausüben: Wie bei einem frisch verliebten Pärchen, welches sich in den Flitterwochen befindet und beim jeweiligen Gegenüber nur die positiven Seiten sieht, strahlen narzisstische Führungskräfte anfangs einen außergewöhnlichen Glanz auf ihre Umgebung aus. Sie werden als charismatisch wahrgenommen und besonders von ihren Anhängern (Geführten) unkritisch bewundert und „vergöttert". Studien zeigen, dass mittel- bis langfristig jedoch eine Art nüchternes „Erwachen" erfolgt und die Geführten ihre narzisstische Führungskraft kritischer wahrnehmen. Dadurch verringert sich die Führungseffektivität (Ong et al. 2016). Durch die zunehmende Interaktionshäufigkeit erkennen die Geführten, dass narzisstische Führungskräfte sehr selbstsüchtig agieren können (z. B. sich selbst ständig in den Mittelpunkt stellen und Teamleistungen als die eigenen Leistungen verkaufen). Dadurch reduziert sich die ursprünglich sehr positive Wahrnehmung der Geführten, welche kritischer im Umgang mit ihrer narzisstischen Führungskraft werden und nicht mehr die uneingeschränkte Anerkennung und Bewunderung zeigen. Dies wiederum führt dazu, dass narzisstische Führungskräfte gekränkt reagieren und ein sehr unberechenbares oder irrationales Verhalten zeigen (z. B. rivalisierendes Verhalten gegenüber Organisationsmitgliedern, Kündigung von Mitarbeitern; Küfner et al. 2013; Leckelt et al. 2015; Paulhus 1998). Dadurch werden die Schattenseiten der narzisstischen Führung erkennbar.

3.2 Machiavellistische Führung

Im Gegensatz zur narzisstischen Führung, welche durchaus ihre positiven Effekte auf die Geführten und die Organisation haben kann, zeichnet sich bei der machiavellistischen Führung ein etwas dunkleres Bild. Machiavellistische Führungskräfte zeigen auf allen Ebenen der Organisation (unabhängig davon, ob sie sich im Top-Management oder im mittleren Management befinden) relativ geringe Arbeitsleistungen und weisen ein destruktives Arbeitsverhalten (z. B. Intrigen) auf. Ob es einen geringen oder hohen Kollektivismus (Gruppenzusammenhalt) innerhalb einer Organisation gibt, spielt für sie keine Rolle. Sie passen ihre politischen Strategien flexibel an die Gegebenheiten der Organisation an und verfolgen unablässig ihre (egoistischen) Langzeitziele, welche sich auf den Erwerb und die Beibehaltung von Macht, Status, Geld und subtilen Einfluss beziehen (O'Boyle et al. 2012). Im Vergleich zur narzisstischen Führung (Nutzung von „weichen" Beeinflussungstaktiken: z. B. Schmeicheln, Komplimente) und psychopathischen Führung (Nutzung von „harten" Beeinflussungstaktiken: z. B.: Drohungen) zeigen machiavellistische Führungskräfte ihre hohe Anpassungsfähigkeit und Flexibilität: Sie nutzen sowohl weiche als auch harte Manipulationsstrategien (Jonason et al. 2012). In einer experimentellen Studie konnten Roeser et al. (2016) nachweisen, dass Machiavellisten bei Bedarf absichtlich täuschen und betrügen. Machiavellisten sind die geborenen organisationalen Spieler. Sie sehen ihren persönlichen Weg zum Karriereerfolg besonders in jenen (hierarchischen) Strukturen, welche sich in Organisationen wiederfinden. Im Gegensatz zu Narzissten sind Machiavellisten weniger die typischen Unternehmer, welche insbesondere in der Gründungsphase ein sehr hohes Risiko eingehen und herausragende Leistungen erbringen müssen, damit sich das neu gegründete Unternehmen erfolgreich im Markt positionieren kann. Zudem lehnen sie Berufe ab, welche nur zu einem geringen Status führen und haben nur wenig Interesse an sozialen (z. B. Lehrer) oder helfenden (z. B. Pflegefachkräfte) Berufen. Im Gegensatz zu Psychopathen zeigen sie nur eine geringe Präferenz für praktische Berufe (z. B. Automechaniker) (Jonason et al. 2014).

Machiavellistische Führungskräfte nehmen ihre organisationale „Spielwiese" als politisches und taktisches Kriegsfeld wahr, aus welchem sie als Sieger hervorgehen wollen. Wie bei einem Schachspiel nehmen sie ihre Gegner und ihr Umfeld sehr konkurrierend wahr. Sie versuchen ihrer Konkurrenz immer mehrere Schritte voraus zu sein. Gegenwärtige und zukünftige Kontrahenten sollen taktisch in eine Falle gelockt und eliminiert werden. Intelligent agierende Machiavellisten verbleiben subtil und aalglatt im Hintergrund, sie sind in ihrem politisch-taktischen Spiel kaum sicht- und spürbar. Weniger kluge Machiavellisten werden in ihren Täuschungsversuchen relativ rasch ertappt. Beispielsweise unterschätzen sie die Informations- und Kommunikationskanäle von anderen Organisationsmitgliedern und werden dann möglicherweise bloßgestellt. Intelligente machiavellistische Führungskräfte, welche ihr Manipulationsspiel perfektioniert haben, sind viel weniger auffällig. Wie ein Chamäleon sind sie sehr flexibel und wandlungsfähig. Im Vergleich zu narzisstischen und psychopathischen Führungskräften zählen machiavellistische Führungskräfte wohl zu den undurchschaubarsten dunklen Führungskräften. Ihre wirklichen Ziele bleiben im Hintergrund verborgen und ihr taktisches Spiel ist nur schwer durchschaubar und angreifbar. Deshalb ist es nicht verwunderlich, dass machiavellistische Führungskräfte einen besseren Karriereerfolg aufweisen können als psychopathische und möglicherweise sogar narzisstische Führungskräfte: Machiavellistische Führungskräfte erlangen häufig Führungspositionen und haben durchaus eine hohe Karrierezufriedenheit (Spurk et al. 2016). Dies bedeutet, dass kluge Machiavellisten im Rahmen ihres politischen Spiels tatsächlich ihre Karriereziele (Macht, Status, Geld und subtilen Einfluss) erreichen. Wie bei der narzisstischen kann auch bei der machiavellistischen Führung eine helle und eine dunkle Seite beschrieben werden (Tab. 3.2; vgl. Judge et al. 2009).

In einer experimentellen Studie konnten Drory und Gluskinos (1980) belegen, dass stark ausgeprägte machiavellistische Führungskräfte mehr Befehle geben und eine höhere Empfindlichkeit für situationsbedingte Anforderungen haben. Die höhere Sensibilität für verschiedene Führungssituationen lässt sich möglicherweise auf ein erhöhtes Ausmaß an Achtsamkeit und eine taktisch-intuitive „Spürnase" zurückführen (Furtner 2017a). Machiavellistische Führungskräfte verfügen über ein breites und situativ angepasstes Verhaltensspektrum. Sie zeigen beispielsweise unter ungünstigen Bedingungen ein stärker partizipatives Führungsverhalten, kümmern sich jedoch generell weniger um die Gefühle und Sorgen ihrer Mitarbeitenden. Zusammengefasst lässt sich vermuten, dass narzisstische Führungskräfte ein stärker mitarbeiterbezogenes Führungsverhalten (z. B. transformationale Führung) und machiavellistische Führungskräfte hingegen ein stärker aufgabenbezogenes Führungsverhalten (z. B. direktive oder transaktionale Führung) bevorzugen (vgl. Furtner 2017a).

Tab. 3.2 Helle und dunkle Seite der machiavellistischen Führung

Hell	Dunkel
• Relativ selbst kontrolliert	• Stark manipulativ
• Hohe Flexibilität und Anpassungsfähigkeit	• Wenig rücksichtsvoll
• Scharfsinnige und pragmatische Politiker	• „Politische" Führung
• Ausgeprägtes strategisches Denken	• Hohe berechnende Form der Führungs-motivation
• Sehr gute Manager (planen, koordinieren, organisieren und kontrollieren)	• Handeln eigennützig
• Effektiv in der organisationalen Administration	• Reduzieren die intrinsische Arbeitsmotivation der Geführten
• Sehr gutes taktisches Verhandlungsgeschick	
• Breites Spektrum an Beeinflussungstaktiken	

Da machiavellistische Führungskräfte ausgezeichnete Taktiker und Politiker sind, wurde der Machiavellismus bereits öfters im Kontext der politischen Führung von US-amerikanischen Präsidenten analysiert (Deluga 2001; Simonton 1986). Machiavellisten können beispielsweise Gesetzesentwürfe relativ erfolgreich durchsetzen. Nehmen sie sehr mächtige und hohe Positionen ein (z. B. ein Präsidentenamt), dann können sie unter bestimmten Umständen sogar als charismatisch wahrgenommen werden. Im Rahmen einer biografischen Analyse folgern Bedell et al. (2006), dass machiavellistisch-politische Führungskräfte eine unterschiedliche Charakteristik des Machiavellismus aufzeigen:

- Machiavellistisch und charismatisch (z. B. John F. Kennedy, Benito Mussolini)
- Machiavellistisch und pragmatisch (z. B. Warren Buffet, Al Capone)
- Machiavellistisch und ideologisch (z. B. Mohandas „Mahatma" Gandhi, Fidel Castro)

Bedell et al. (2006) folgern, dass charismatische Führungskräfte eine moderate Form des Machiavellismus und pragmatische Führungskräfte die höchste machiavellistische Ausprägung zeigen. Pragmatische Führungskräfte sind relativ nüchtern und rational. Sie nutzen einen stark problemorientierten Zugang für die jeweiligen Anliegen. Zwar kann erwartet werden, dass personalisierte (selbstsüchtige) Führungskräfte vermehrt zu machiavellistischen Strategien greifen, umso überraschender ist es jedoch, dass auch sozialisierte (relativ selbstlose) Führungskräfte machiavellistische Strategien anwenden können. Stehen sozialisierte Führungskräfte vor herausfordernden oder scheinbar unüberwindbaren Situationen, dann müssen sie ebenfalls versuchen, effiziente und praktische Lösungen zu finden. Demnach sollte nicht voreilig ein Urteil gefällt werden, ob Machiavellismus an sich gut oder schlecht ist. Dies hängt vielfach von der Situation und den Konsequenzen ab (Furtner 2017a). Dennoch liegt es in der „Natur" von machiavellistischen Führungskräften, dass sie ihre Führungspositionen für persönliche Langzeitziele (aus-)nutzen. Wenn deren Ziele mit jenen Zielen eines Teams, einer Organisation oder sogar einer Gesellschaft übereinstimmen, dann kann eine machiavellistische Führung durchaus positive Konsequenzen haben.

Ob eine machiavellistische Führungskraft positive oder negative Auswirkungen auf ihr Umfeld ausübt, hängt nach Kessler et al. (2010) von den verwendeten Strategien ab. Kessler et al. (2010) beschreiben ein dreidimensionales Modell des Machiavellismus:

1. *Aufrechterhaltung der Macht* (z. B.: „Eine effektive Führungskraft baut sich ihre Machtbasis mittels starken Geführten auf")
2. *Management-Praktiken* (z. B.: „Es ist für einen wichtig, von den Fehlern wenig erfolgreicher Menschen zu lernen")
3. *Manipulative Verhaltensweisen* (z. B.: „Da die meisten Menschen schwach sind, sollte ein vernunftbegabter Mensch die Vorteile einer Situation für sich nutzbar machen, um den persönlichen Gewinn zu maximieren")

Die ersten beiden Dimensionen (Aufrechterhaltung der Macht und Management-Praktiken) zeigen positive Beziehungen zur Persönlichkeitsdimension Gewissenhaftigkeit und negative zu kontraproduktivem Arbeitsverhalten. Hingegen wirken sich manipulative Verhaltensweisen positiv auf das kontraproduktive Arbeitsverhalten von machiavellistischen Führungskräften aus.

Machiavellistische Führungskräfte zeigen ein sehr autoritäres Führungsverhalten. Sie nutzen ihre Positionsmacht und geben häufig Befehle (vgl. Furtner 2017a). Generell schreiben die Geführten ihren machiavellistischen Führungskräften ein missbräuchliches Verhalten zu (Kiazad et al. 2010). Neben den Führungskräften können auch die Geführten über machiavellistische Tendenzen verfügen. Belschak et al. (2015) konnten nachweisen, dass sich transformationales Führungsverhalten positiv auf das Verhalten von machiavellistischen Geführten auswirken kann. Die transformationale Führung stärkt die Beziehungen zwischen machiavellistischen Geführten und Organizational Citizenship Behavior (OCB, freiwillige Mehrleistungen der Organisationsmitglieder). Demnach können transformationale Führungskräfte die taktischen Motive von Machiavellisten zumindest für eine Zeit lang kanalisieren und kontrollieren. Da narzisstische Führungskräfte häufig über ein ausgeprägtes Charisma verfügen und auf Basis ihrer Visionen die Mitarbeitenden zu Höchstleistungen motivieren (vgl. Furtner 2016), könnten sie positiven Einfluss auf machiavellistische Geführte ausüben. Dennoch, auch wenn machiavellistische Geführte für eine Zeit lang freiwillige Mehrleistungen zeigen (freiwillige Überstunden, Hilfestellung für Kollegen), dient ihr scheinbar prosoziales Verhalten möglicherweise nur einem egoistischen Selbstzweck, der Erlangung ihrer Langzeitziele.

3.3 Psychopathische Führung

Die psychopathische Führung repräsentiert die dunkelste Führungstendenz von Dark Leadership. Im Kontext von Dark Leadership wurde die psychopathische Führung bislang am wenigsten erforscht (Boddy 2015a; Mathieu et al. 2014).

Psychopathische Führungskräfte weisen eine geringere Arbeitsleistung und ein höheres kontraproduktives Arbeitsverhalten auf (O'Boyle et al. 2012). Sie wenden harte Beeinflussungstaktiken (z. B. Drohung) an (Jonason et al. 2012) und zeigen ein sehr impulsives und auf Lügen basierendes Verhalten (Roeser et al. 2016). Allgemein interessieren sich Psychopathen mehr für praktische (z. B. Automechaniker) oder realistische Berufe (z. B. Küchenbauer). Sie bevorzugen Berufe, in welchen sie relativ autonom agieren können und nur wenig soziale Interaktionen haben (Jonasson et al. 2014). Wie Machiavellisten nehmen Psychopathen ihren Arbeitsplatz als sehr konkurrierend wahr. Psychopathen zeigen tendenziell negative Beziehungen zum Karriereerfolg (z. B. Gehalt, Karrierezufriedenheit). Psychopathische Führungskräfte haben zudem negativen Einfluss auf das Wohlbefinden und die Arbeitszufriedenheit ihrer Geführten (Mathieu et al. 2014). Charakteristisch für psychopathische Führungskräfte ist, dass sie ein sehr impulsives, unkontrolliertes, manipulatives und antisoziales Verhalten zeigen (Williams et al. 2007). Deshalb kann die psychopathische Führung zu Recht als die dunkelste Dimension der dunklen Führung (Dark Leadership) beschrieben werden.

Im organisationalen Kontext werden Psychopathen auch als „Unternehmenspsychopathen" (Corporate Psychopaths) bezeichnet. Psychopathen treten in ihrer relativen Zahl zur Gesamtpopulation zwar nicht häufig auf, dennoch wird vermutet, dass ungefähr 1 % aller Personen, welche in Organisationen arbeiten, Psychopathen sind (Coid et al. 2009). Die Zahl jener Psychopathen, welche in höhere Führungspositionen aufsteigen, wird sogar noch höher geschätzt: Nach Babiak et al. (2010) sind ungefähr 4 % aller Führungskräfte in den Top-Führungsebenen von Organisationen Psychopathen. Folglich nehmen Spencer und Byrne (2016) an, dass sich psychopathische Führungskräfte vorwiegend in den Top-Führungsebenen von Organisationen finden.

Wie können Psychopathen überhaupt Führungspositionen erlangen, wenn ihre Grundvoraussetzungen für eine erfolgreiche Karriere (z. B. unkontrolliertes Verhalten) relativ ungünstig sind? Ähnlich wie narzisstische verstehen es psychopathische Führungskräfte, andere Menschen von ihrer Persönlichkeit zu beeindrucken. Sie verfügen über unterschiedliche manipulative Strategien der Eindruckssteuerung (Impression Management), um andere Menschen von sich zu überzeugen und ihre Ziele zu erreichen. Psychopathische Führungskräfte stehen in positiver Beziehung zum wahrgenommenen Charisma und einer sehr guten Kommunikationsfähigkeit (Babiak et al. 2010). Dadurch können sie gelegentlich sogar bis an die Spitze einer Organisation gelangen. Ob psychopathische Führungskräfte erfolgreich sind, hängt von der Charakteristik der Psychopathie ab: Die *primäre Psychopathie* (gefühlskalt und manipulativ) kann noch als die helle

Seite und die *sekundäre Psychopathie* (antisoziales Verhalten) als die dunkle Seite der Psychopathie beschrieben werden. Im Gegensatz zur antisozialen Form der Psychopathie (sekundäre Psychopathie) zeigt die kalte und manipulative Seite der Psychopathie (primäre Psychopathie) noch relativ positive Beziehungen zum Karriereverlauf (Chiaburu et al. 2013).

Für psychopathische Führungskräfte existieren keine Kompromisse: Die Organisationsmitglieder werden ausschließlich als gut oder als böse wahrgenommen, wobei die guten ihre Unterstützer sind und die bösen Organisationsmitglieder ihnen nur Schaden zufügen wollen. In einer noch extremeren Form als bei der narzisstischen Führungskraft teilen psychopathische Führungskräfte ihre Welt in Freund und Feind. Narzisstische Führungskräfte reagieren irrational auf Kritik und fühlen sich rasch gekränkt. Psychopathische Führungskräfte versuchen ihre Gegner mit ihrer impulsiven und unberechenbaren Art so rasch wie möglich zu eliminieren. Dadurch können auf dem Weg zur Macht oder zum Zweck des Machterhalts die „Hindernisse" aus dem Weg geräumt werden (Babiak und Hare 2006). Ein „Erfolgsrezept" für psychopathische Führungskräfte liegt möglicherweise darin, dass sie ihre Geführten in einem starken Abhängigkeitsverhältnis halten und absolute Gehorsamkeit einfordern.

Die wenigen Studien über die charismatische Wirkung von psychopathischen Führungskräften zeigen widersprüchliche Ergebnisse. Während Babiak und Kollegen (2010) positive Beziehungen zum wahrgenommenen Charisma beobachten konnten, zeigen zwei weitere Studien keine Assoziationen zur charismatischen Wirkung von psychopathischen Führungskräften. Im Gegenteil, psychopathische Führungskräfte stehen stärker mit inaktivem und ineffektivem Führungsverhalten (passiv-kontrollierender und Laissez-faire-Führung) in Verbindung. Demnach konnten keine positiven Beziehungen zwischen der psychopathischen Führung und einem aktiven sowie effektiven Führungsverhalten (transformationale und transaktionale Führung) beobachtet werden (Mathieu et al. 2015; Westerlaken und Woods 2013). Psychopathische Führungskräfte interessieren sich möglicherweise weniger dafür, ihre Geführten aktiv und effektiv zu beeinflussen. Ein möglicher Grund könnte darin liegen, dass psychopathische Führungskräfte ihre Stärken insbesondere in der Erlangung von Führungspositionen zeigen (Leader Emergence), sich jedoch nur oberflächlich mit ihrer Führungsrolle identifizieren und demnach eine geringere Führungseffektivität aufweisen (Leader Effectivity; Mathieu et al. 2015).

Obwohl psychopathische Führungskräfte durchaus Spitzenpositionen in Organisationen erlangen können, zeigen sich relativ negative Konsequenzen auf die Geführten und die Organisation (Tab. 3.3; Boddy 2015a, b; Mathieu und Babiak 2015, 2016).

Tab. 3.3 Negative Konsequenzen der psychopathischen Führung auf die Geführten und die Organisation

Verhalten der psychopathischen Führungskraft	Negative Konsequenzen für die Geführten	Negative Konsequenzen für die Organisation
• Impulsives, gefühlskaltes und unberechenbares Verhalten • Druck und Mobbing auf die Geführten • Antisoziale Verhaltenstendenzen • Betrügerische Aktivitäten • Kurzfristige und unüberlegte Entscheidungen • Fokus auf die eigene Machtposition und äußere Reputation	• Ausgebeutete Geführte • Geringe Arbeitszufriedenheit • Geringe Arbeitsmotivation • Hohe Fluktuation (Kündigung) und Fehlzeiten (Krankenstände) • Geringes organisationales Commitment • Geringe Kreativität und Innovation	• Klima der organisationalen Angst • Möglicher Konkurs (Insolvenz)

Dark Leadership: Der dunkle Kern 4

Die dunkle Seite der Führung wurde in der Führungsforschung für lange Zeit weitgehend ignoriert und ist demnach noch relativ unerforscht. Da es noch kein einheitliches Konzept zur Erforschung der dunklen Seite von Führung gibt, werden gegenwärtig noch sehr viele unterschiedliche Begriffe hierfür verwendet (z. B.: destruktive Führung, toxische Führung, missbräuchliche Führung, unethische Führung). Zudem werden die narzisstische, machiavellistische und psychopathische Führung bislang relativ unabhängig voneinander erforscht. Dark Leadership verfolgt einen stärker eigenschaftsorientierten Führungsansatz und orientiert sich konzeptionell an der dunklen Triade der Persönlichkeit (Narzissmus, Machiavellismus und Psychopathie). Zukünftige Studien werden zeigen, inwiefern beispielsweise die Passung zwischen Person, Arbeit und Organisation und die situative Komponente (z. B. Branche, umweltbedingte Veränderungen) hinderliche oder begünstigende Einflüsse auf die Beziehung zwischen der dunklen Führung und verschiedenen Erfolgskriterien (z. B. Arbeitsleistung, organisationaler Erfolg) haben.

Bei der Beschäftigung mit der dunklen Triade der Persönlichkeit stellt sich die Frage, ob es einen dunklen gemeinsamen Kern gibt, einen Kern, welcher das mögliche Bindeglied zwischen narzisstischer, machiavellistischer und psychopathischer Führung darstellen kann. Aktuell werden in der Literatur verschiedene Kerne der dunklen Triade der Persönlichkeit diskutiert, welche direkt auf Dark Leadership übertragen werden können (Tab. 4.1).

Im Kontext der dunklen Führung nehmen das (personalisierte) Machtmotiv und die soziale Dominanzorientierung offensichtlich die wichtigste Rolle ein. Demnach haben die narzisstische, machiavellistische und psychopathische Führung gemeinsam, dass sie allesamt über ein hohes personalisiertes (selbstsüchtiges) Machtmotiv und eine starke soziale Dominanzorientierung verfügen. Eine wichtige Frage, welche sich im Zusammenhang mit Dark Leadership stellt

© Springer Fachmedien Wiesbaden GmbH 2017   27
M. Furtner, *Dark Leadership*, essentials,
DOI 10.1007/978-3-658-18189-5_4

Tab. 4.1 Kerne von Dark Leadership

Möglicher Kern	Beschreibung
Unverträglichkeit	Unter den Big Five-Persönlichkeitseigenschaften (Extraversion, Verträglichkeit, Gewissenhaftigkeit, geringe emotionale Stabilität, Offenheit) steht eine geringe Verträglichkeit am stärksten mit der dunklen Persönlichkeit in Beziehung (Furnham et al. 2013)
Unehrlichkeit und Selbstgefälligkeit	Narzissmus, Machiavellismus und Psychopathie stehen in stark negativer Beziehung zu Ehrlichkeit und Bescheidenheit (Lee und Ashton 2005).
Gefühl-/und Herzlosigkeit	Die Dark Triad haben gemeinsam, dass sie nur ein relativ geringes Einfühlungsvermögen (Empathie-Fähigkeit) haben (Jones und Paulhus 2011; Paulhus 2014). Dennoch verfügen sie über eine Art kalter Empathie. Das heißt, sie können sich zwar auf kognitiver und rationaler Ebene in die Gefühle anderer Personen hineinversetzen, verspüren jedoch innerlich keine emotionale Regung (Book et al. 2007; Wai und Tiliopoulos 2012). Machiavellisten agieren sehr flexibel: Sie können ihr „kaltes Einfühlungsvermögen" an unterschiedliche Situationen anpassen (McIllwain et al. 2012)
Machtmotiv	Narzissmus, Machiavellismus und Psychopathie verfügen über ein hohes personalisiertes (selbstsüchtiges) Machtmotiv (Jonason und Ferrell 2016)
Soziale Dominanzorientierung	Die dunkle Triade steht in enger Beziehung zur sozialen Dominanzorientierung (Hodson et al. 2009; Jones und Figueredo 2013). Das heißt, Gespräche sollen kontrolliert und andere Menschen unter Druck gesetzt werden

ist, welche der dunklen Führungsdimensionen die höchste Führungseffektivität aufweist. Die narzisstische Führung ist die hellste und bislang am häufigsten beachtete und die psychopathische Führung die dunkelste und noch weitgehend unbekannteste Führungstendenz im Rahmen von Dark Leadership.

1. *Narzisstische Führung:* Allgemein betrachtet scheint die narzisstische Führung die positivsten Beziehungen zur Führungseffektivität aufzuweisen. Narzissmus könnte demnach die bedeutendste Rolle in der Führungsforschung einnehmen und die Relevanz der narzisstischen Führung zeigt sich bereits

darin, dass viele Führungspositionen mit Narzissten besetzt sind (Maccoby 2000; Mathieu et al. 2015; Ong et al. 2016). Im Vergleich zur machiavellistischen und psychopathischen Führung verfügen Narzissten über die höchste intrinsische Führungsmotivation. Ihr Machtmotiv weist zudem Beziehungen zum sozial orientierten Anschlussmotiv auf. Narzisstische Führungskräfte sind zwar stark auf sich selbst fokussiert, dennoch stehen sie in hoher Abhängigkeit zu ihren Geführten. Nur das soziale Umfeld kann ihnen eine uneingeschränkte Bewunderung und Akzeptanz entgegen bringen und demnach besteht bei Narzissten die Befürchtung, dass sie ihren strahlenden Glanz im sozialen Kontext verlieren könnten. Narzisstische Führungskräfte sind dominant, von idealistischen Visionen getrieben und inspirieren ihre Geführten. Deshalb steht die narzisstische Führung in positiver Beziehung zur charismatischen und transformationalen Führung (Furtner 2016). Ein charismatisches und charmantes Auftreten ist für narzisstische Führungskräfte Mittel zum Zweck. Dadurch erhalten sie die stark ersehnte Anerkennung und Bewunderung. Auf Basis ihrer charismatischen Wirkung können narzisstische Führungskräfte die intrinsische Motivation und die Leistung ihrer Geführten anregen (Rosenthal und Pittinsky 2006).

2. *Machiavellistische Führung:* Wie narzisstische zeigen machiavellistische Führungskräfte ein autoritäres Führungsverhalten (Furtner 2017a). Machiavellistische Führungskräfte bevorzugen ein pragmatisches Führungsverhalten. Sie sind die typischen Manager und Verwalter. Sie lieben es zu planen, zu organisieren, zu entscheiden und zu kontrollieren. Machiavellistische Führungskräfte verfügen über eine hohe berechnende Führungsmotivation. Im Vergleich zu narzisstischen Führungskräften bereitet ihnen Führen an sich weniger Spaß und Freude. Dies hat unmittelbare Auswirkungen auf die Geführten: Die machiavellistische Führung reduziert die intrinsische Motivation ihrer Geführten (Judge et al. 2009). Machiavellistische Führungskräfte sind an ihrem Langzeitziel (Erlangung von Macht, Status, Geld und subtile Einflussnahme) interessiert, jedoch weniger an einer effektiven Fremdbeeinflussung ihrer Geführten.

3. *Psychopathische Führung:* Getrieben durch ihr stark ausgeprägtes personalisiertes Machtmotiv und ihre soziale Dominanzorientierung streben psychopathische Führungskräfte danach, an die Spitze einer Organisation zu gelangen. Sie weisen eine tendenziell antisoziale Führungsmotivation auf, sind unberechenbar, möglicherweise paranoid und zeigen ein hoch impulsives Verhalten. In sozialer Hinsicht kennen psychopathische Führungskräfte nur die Extreme: Sie teilen ihre Welt in Freund und Feind und handeln dementsprechend im organisationalen Kontext. Die psychopathische Führung zeigt

weitgehend negative Konsequenzen für die Geführten und die Organisation (Boddy 2015b). Obwohl die psychopathische Führung nur über eine geringe Selbstkontrolle verfügt, nutzt sie – ähnlich zur machiavellistischen Führung – Taktiken und Strategien der Manipulation, um ihre Ziele zu erreichen. Im Gegensatz zur machiavellistischen Führung, welche die nötige Geduld und Selbstkontrolle aufbringt, um ihre langfristigen Ziele zu erreichen, fokussiert sich die psychopathische Führung auf den kurzfristigen Erfolg. Über langfristige (positive oder negative) Konsequenzen ihres Tuns macht sie sich nur wenige Gedanken. Die Psychopathie steht in positiver Beziehung zur Erlangung von Führungspositionen, jedoch in sehr negativer zur Führungseffektivität (Mathieu et al. 2015). Ähnlich wie machiavellistische sind psychopathische Führungskräfte nur wenig an Führung per se interessiert. Demzufolge ist es zwar nicht überraschend, dass die psychopathische Führung mit einem passiven und ineffektiven Führungsverhalten (z. B. Laissez-faire-Führung) in Verbindung steht, dennoch zeigen sich noch sehr widersprüchliche Ergebnisse bezüglich der charismatischen Wirkung von psychopathischen Führungskräften. Generell zeigt die psychopathische Führung negative Auswirkungen auf die Geführten (z. B. geringe Arbeitszufriedenheit und Arbeitsmotivation, erhöhte Krankenstände und Kündigung) und die Organisation (z. B. Konkurs, Insolvenz, organisationales Mobbing). Nach dem bisherigen Kenntnisstand hat die psychopathische Führung sehr schädliche (toxische) Auswirkungen auf Organisationen. Dennoch muss betont werden, dass die bisherigen Studien noch relativ wenig Aufschluss über die psychopathische Führung geben können und zum Teil gegensätzliche Aussagen enthalten (z. B. erfolgreiche versus wenig erfolgreiche Karriere).

Im Rahmen der dunklen Tetrade der Persönlichkeit wird mit dem *Sadismus* eine vierte Dimension diskutiert, welche wie Narzissmus, Machiavellismus und Psychopathie nur über eine geringe Empathie-Fähigkeit (Gefühl- und Herzlosigkeit) verfügt (Paulhus 2014). Die Rolle der sadistischen Führung im Kontext von Dark Leadership ist noch relativ unbekannt. Sadisten genießen es, andere Menschen (verbal oder körperlich) zu quälen. Um unmittelbar die eigene Stärke und Macht zu verspüren und zu demonstrieren, schikaniert eine sadistische Führungskraft ihre Geführten. Die sadistische Führung tyrannisiert ihre Gefolgsleute öffentlich, um deren Scham und Leid noch zu erhöhen. Die sadistische Führung zeigt demnach ein stark aversives Führungsverhalten (Furtner 2017a).

Wenn tatsächlich ein gemeinsamer Kern von Dark Leadership existiert, dann drängt sich ein weiterer Gedanke auf, welcher in einer seltenen und besonders mächtigen Kombination auftreten kann: Angenommen eine Führungskraft nutzt die Stärken der narzisstischen Führung (visionär, inspirierend, charismatisch und charmant). Sie verfügt zudem über die Selbstkontrolle und das taktische Manipulationsgeschick einer machiavellistischen Führung und verfolgt unablässig ihre Langzeitziele, ohne dass ihre taktischen „Spielchen" auffällig werden. Aufgrund der machiavellistischen Nüchternheit federt sie die psychopathische Impulsivität ab, nutzt jedoch die Stärke des spontanen und unberechenbaren Moments einer psychopathischen Führung. Wenn es ihr aus reiner Langeweile und Überlegenheit nach machtdemonstrativer „Spiellust" dürstet, dann schikaniert sie im Rahmen der sadistischen Führung andere Menschen, welche ihr unterlegen sind. Dadurch fühlt sie sich unmittelbar in ihrer eigenen Macht bestätigt. Diese Führungskraft hätte eine sehr hohe Macht und wahrscheinlich die höchste Machtausprägung, welche eine Person mit einem personalisierten (selbstsüchtigen) Machtmotiv erreichen könnte.

Dark Leadership beschreibt die selbstsüchtige, manipulative und teilweise antisoziale Seite, wohingegen die helle Führung die altruistische, selbstlose und soziale Seite des Menschen betont. Während sich die dunkle Seite von Führung über jegliche Grenzen (Normen, Gesetze, Regeln) hinwegsetzt, übersteigt auch die helle Seite – getrieben von hohen ethischen und moralischen Idealen – teilweise jene Grenzen, welche für den gewöhnlichen Menschen festgelegt wurden. Historische Beispiele aus dem religiösen oder politischen Kontext zeigen, dass sich die helle Seite von Führung über bestehende Gesetze hinwegsetzen kann, insbesondere wenn diese ihren hohen ethischen Idealen widersprechen. Auf Basis ihres hohen selbstsüchtigen Machtmotivs, ihrer starken sozialen Dominanzorientierung, ihrer „Kaltschnäuzigkeit", ihres Charismas und ihren Fähigkeiten zur Eindruckslenkung (Impression Management) streben sowohl narzisstische, machiavellistische und psychopathische Führungskräfte unablässig und kompromisslos nach hohen und prestigereichen Führungspositionen, welche direkt mit Macht und Erfolg in Verbindung stehen. Dadurch kann davon ausgegangen werden, dass eine bedeutende Zahl von Führungspositionen mit Dark Leadership-Führungstendenzen besetzt sind. Ob die Dinge auf relativer Ebene positiv oder negativ sind, liegt oftmals im subjektiven Auge des Betrachters und positive oder negative Konsequenzen können auf absoluter Ebene erst mittel- oder langfristig abgeschätzt werden. Allgemein sollte Dark Leadership nicht nur von einer negativen Seite aus betrachtet werden: Bezogen auf die Machtentwicklungsstufen[1] und die Psycho-entwicklung des Menschen ist es möglicherweise vonnöten, dass sich zunächst ein stärker selbstsüchtiges Verhalten herauskristallisiert, bevor sich die höheren selbstlosen Stufen der Macht entwickeln können (McClelland 1975). Führungs-kräfte lernen aus Erfahrung und entscheidend ist, dass sie nicht auf einer egoisti-schen oder selbstsüchtigen Stufe stehen bleiben, sondern auf dem Höhepunkt ihrer egoistischen Machtentwicklung erkennen, dass sie über eine noch höhere und nachhaltigere Machtwirkung verfügen, wenn sie andere Menschen, Organisa-tionen oder ganze Systeme auf Basis ihrer erlangten Stärke unterstützen und ent-wickeln (Furtner 2016; McClelland 1975).

Der Glanz von idealisierten, romantischen und heldenhaften Führungsansät-zen hielt die Führungsforschung für lange Zeit lang in ihrem Bann. Dark Lea-dership fokussiert sich auf die zu lange ignorierte oder verdrängte selbstsüchtige Seite von Führung. Eine intensive Beschäftigung mit der dunklen Seite von Führung kann unser Verständnis für das relativ komplexe Thema Leadership verbessern. Im Führungskontext werden zwei Seiten (hell versus dunkel) einer Medaille betrachtet, dennoch ist und bleibt es in seiner Grundnatur was es ist, *eine* Medaille mit zwei Seiten.

---

[1]Allgemein werden vier Machtentwicklungsstufen mit einer zunehmenden Machtausprä-gung von Stufe I bis Stufe IV beschrieben: In der niedrigsten Machtstufe I befinden sich die typischen Anhänger und Gefolgsleute. Sie verfügen selbst über keine Macht, fühlen sich jedoch mit einer mächtigen Person (z. B. Idol, Vorbild) verbunden und versuchen sich mit ihr zu identifizieren. In der Machtstufe II werden die *Symbole* der Macht (z. B. teure und seltene materielle Objekte, einflussreicher Bekanntenkreis) wichtig. In der Machtstufe IIIa zeigt sich der Höhepunkt der egoistischen und selbstsüchtigen Machtausprägung. Dark Leadership kann hier eingeordnet werden. In der Machtstufe IIIb agiert eine Führungskraft bereits relativ selbstlos und „erntet" hierfür Dankbarkeit und breite soziale Anerkennung. In der höchsten Machtstufe IV ist eine Person nicht mehr selbst Ursprung der Macht, son-dern sie wird von einer höheren („übermenschlichen") Machtquelle inspiriert (z. B. Religi-onsgründer, Propheten; vgl. McClelland 1975).

Was Sie aus diesem *essential* mitnehmen können

- Die dunkle Seite von Führung wurde für lange Zeit in der Führungsforschung ignoriert und verdrängt
- Im Führungsalltag existiert eine wesentliche Zahl von Führungskräften, welche Dark Leadership-Tendenzen aufweisen
- Die dunkle Triade der Persönlichkeit (Narzissmus, Machiavellismus und Psychopathie) liefert die konzeptionelle Basis für Dark Leadership
- Dark Leadership beinhaltet die narzisstische, machiavellistische und psychopathische Führung
- Die narzisstische Führung repräsentiert die hellste und die psychopathische Führung die dunkelste der Dark Leadership-Führungstendenzen
- Die narzisstische Führung zeichnet sich durch eine visionäre, inspirierende und charismatische Einflussnahme aus. Sie zeigt ein hohes Bedürfnis nach uneingeschränkter Anerkennung und Bewunderung
- Die größte Schwäche der narzisstischen Führung liegt in ihren impulsiven und irrationalen Reaktionen auf Kritik
- Die machiavellistische Führung zeichnet sich durch einen nüchternen, pragmatischen und politischen Führungsstil aus. Taktische Manipulationsmaßnahmen werden eingesetzt, um die persönlichen Langzeitziele (Macht, Status, Geld) zu erreichen. Die machiavellistische Führung verbleibt zumeist geschickt und aalglatt im Hintergrund
- Ähnlich wie die narzisstische Führung verwendet die psychopathische Führung das Mittel der Eindruckssteuerung (Impression Management). Zudem nutzt sie auf impulsivere Art die Taktiken der machiavellistischen Führung. Die psychopathische Führung ist unberechenbar, sehr impulsiv, manipulativ und zeigt antisoziale Verhaltenstendenzen. Sie teilt ihre Welt in Freund und Feind

© Springer Fachmedien Wiesbaden GmbH 2017
M. Furtner, *Dark Leadership,* essentials,
DOI 10.1007/978-3-658-18189-5

- Die psychopathische Führung zeigt eine Vielzahl von negativen Konsequenzen für die Geführten und die Organisation
- Die narzisstische, machiavellistische und psychopathische Führung haben gemeinsam, dass sie durch ein hohes personalisiertes (selbstsüchtiges) Machtmotiv und eine starke soziale Dominanzorientierung getrieben sind. Sie sind zudem relativ unverträglich, hochmütig, unehrlich sowie gefühl- und herzlos
- Dark Leadership beschreibt die dunkle Seite einer Medaille, welche gemeinsam mit der hellen Seite eine Einheit bildet und demnach unser Verständnis für das komplexe Thema Leadership verbessern kann

Literatur

Altemeyer, B. (2004). Highly dominating, highly authoritarian personalities. *Journal of Social Psychology, 144,* 421–447.

Babiak, P., & Hare, R. D. (2006). *Snakes in suits when psychopaths go to work.* New York: Harper Collins.

Babiak, P., Neumann, C. S., & Hare, R. D. (2010). Corporate psychopathy: Talking the walk. *Behavioral Sciences and the Law, 28,* 174–193.

Back, M. D., Küfner, A. C. P., Dufner, M., Gerlach, T. M., Rauthmann, J. F., & Denissen, J. J. A. (2013). Narcissistic admiration and rivalry: Disentangling the bright and dark sides of narcissism. *Journal of Personality and Social Psychology, 105,* 1013–1037.

Baldegger, U., Schröder, S. H., & Furtner, M. R. The self-loving entrepreneur: Dual narcissism and entrepreneurial intention. *International Journal of Entrepreneurial Venturing.* (im Druck).

Baughman, H. M., Dearing, S., Giammarco, E., & Vernon, P. A. (2012). Relationships between bullying behaviours and the dark triad: A study with adults. *Personality and Individual Differences, 52,* 571–575.

Bedell, K., Hunter, S., Angie, A., & Vert, A. (2006). A historiometric examination of Machiavellianism and a new taxonomy of leadership. *Journal of Leadership and Organizational Studies, 12,* 50–72.

Belschak, F. D., Den Hartog, D. N., & Kalshoven, K. (2015). Leading Machiavellians: How to translate Machiavellians' selfishness into pro-organizational behavior. *Journal of Management, 41,* 1934–1956.

Boddy, C. R. (2015a). Organisational psychopaths: A ten year update. *Management Decision, 53,* 2407–2432.

Boddy, C. R. (2015b). Psychopathic leadership: A case study of a corporate psychopath CEO. *Journal of Business Ethics.* doi:10.1007/s10551-015-2908-6.

Book, A. S., Quinsey, V. L., & Langford, D. (2007). Psychopathy and the perception of affect and vulnerability. *Criminal Justice and Behavior, 34,* 531–544.

Cain, N. M., Pincus, A. L., & Ansell, E. B. (2008). Narcissism at the crossroads: Phenotypic description of pathological narcissism across clinical theory, social/personality psychology, and psychiatric diagnosis. *Clinical Psychology Review, 28,* 638–656.

© Springer Fachmedien Wiesbaden GmbH 2017
M. Furtner, *Dark Leadership*, essentials,
DOI 10.1007/978-3-658-18189-5

Chiaburu, D. S., Munoz, G. J., & Gardner, R. G. (2013). How to spot a careerist early on: Psychopathy and exchange ideology as predictors of careerism. *Journal of Business Ethics, 118,* 473–486.

Christie, R., & Geis, F. L. (1970). *Studies in Machiavellianism.* New York: Academic Press.

Cohen, A. (2016). Are they among us? A conceptual framework of the relationship between the dark triad personality and counterproductive work behaviors (CWBs). *Human Resource Management Review, 26,* 69–85.

Coid, J., Yang, M., Ullrich, S., Roberts, A., & Hare, R. D. (2009). Prevalence and correlates of psychopathic traits in the household population of Great Britain. *International Journal of Law and Psychiatry, 32,* 65–73.

Conger, J. (1990). The dark side of leadership. *Organizational Dynamics, 19,* 44–55.

Deluga, R. J. (1997). Relationship among American presidential charismatic leadership, narcissism, and rated performance. *The Leadership Quarterly, 8,* 49–65.

Deluga, R. J. (2001). American presidential Machiavellianism: Implications for charismatic leadership and rated performance. *The Leadership Quarterly, 12,* 339–363.

Dowgwillo, E. A., & Pincus, A. L. (2017). Differentiating dark triad traits within and across interpersonal circumplex surfaces. *Assessment, 24,* 24–44.

Drory, A., & Gluskinos, U. M. (1980). Machiavellianism and leadership. *Journal of Applied Psychology, 65,* 81–86.

Furnham, A., Richards, S. C., & Paulhus, D. L. (2013). The dark triad of personality: A 10 year review. *Social and Personality Psychology Compass, 7,* 199–216.

Furtner, M. (2016). *Effektivität der transformationalen Führung: Helden, Visionen und Charisma.* Wiesbaden: Springer Gabler.

Furtner, M. (2017a). *Dynamische Mitarbeiterführung: Achtsam und flexibel Führungssituationen meistern.* Wiesbaden: Springer Gabler.

Furtner, M. (2017b). *Empowering Leadership: Mit selbstverantwortlichen Mitarbeitern zu Innovation und Spitzenleistungen.* Wiesbaden: Springer Gabler.

Furtner, M., & Baldegger, U. (2016). *Self-Leadership und Führung: Theorien, Modelle und praktische Umsetzung* (2. Aufl.). Wiesbaden: Springer Gabler.

Furtner, M. R., Rauthmann, J. F., & Sachse, P. (2011). The self-loving self-leader: An examination of the relationship between self-leadership and the dark triad. *Social Behavior and Personality, 39,* 369–380.

Furtner, M. R., Baldegger, U., & Rauthmann, J. F. (2013). Leading yourself and leading others: Linking self-leadership to transformational, transactional, and laissez-faire leadership. *European Journal of Work and Organizational Psychology, 22,* 436–449.

Grijalva, E., Harms, P. D., Newman, D. A., Gaddis, B. H., & Fraley, C. (2015). Narcissism and leadership: A meta-analytic review of linear and nonlinear relationships. *Personnel Psychology, 68,* 1–47.

Hare, R. D. (2003). *The Hare psychopathy checklist – revised.* Toronto: MHS.

Higgs, M. (2009). The good, the bad and the ugly: Leadership and narcissism. *Journal of Change Management, 9,* 165–178.

Hodson, G., Hogg, S. M., & MacInnis, C. C. (2009). The role of "dark personalities" (narcissism, Machiavellianism, psychopathy), Big five personality factors, and ideology in explaining prejudice. *Journal of Research in Personality, 43,* 686–690.

Jonason, P. K., & Ferrell, J. D. (2016). Looking under the hood: The psychogenic motivational foundations of the dark triad. *Personality and Individual Differences, 94,* 324–331.

Jonason, P. K., Slomski, S., & Partyka, J. (2012). The dark triad at work: How toxic employees get their way. *Personality and Individual Differences, 52,* 449–453.

Jonason, P. K., Wee, S., Li, N. P., & Jackson, C. (2014). Occupational niches and the dark triad traits. *Personality and Individual Differences, 69,* 119–123.

Jones, D. N., & Figueredo, A. J. (2013). The core of darkness: Uncovering the heart of the dark triad. *European Journal of Personality, 27,* 521–531.

Jones, D. N., & Paulhus, D. L. (2011). Differentiating the dark triad within the interpersonal circumplex. In L. M. Horowitz & S. Strack (Hrsg.), *Handbook of interpersonal psychology: Theory, research, assessment, and therapeutic interventions* (S. 249–269). New York: Wiley.

Judge, T. A., Piccolo, R. F., & Kosalka, T. (2009). The bright and dark sides of leader traits: A review and theoretical extension of the leader trait paradigm. *The Leadership Quarterly, 20,* 855–875.

Kessler, S. R., Bandelli, A. C., Spector, P. E., Borman, W. C., Nelson, C. E., & Penney, L. M. (2010). Re-examining Machiavelli: A three-dimensional model of Machiavellianism in the workplace. *Journal of Applied Social Psychology, 40,* 1868–1896.

Kiazad, K., Restubog, S. L. D., Zagenczyk, T. J., Kiewitz, C., & Tang, R. L. (2010). In pursuit of power: The role of authoritarian leadership in the relationship between supervisors' Machiavellianism and subordinates' perceptions of abusive supervisory behavior. *Journal of Research in Personality, 44,* 512–519.

Küfner, A. C. P., Nestler, S., & Back, M. D. (2013). The two pathways to being an (un-) popular narcissist. *Journal of Personality, 81,* 184–195.

Leckelt, M., Küfner, A. C. P., Nestler, S., & Back, M. D. (2015). Behavioral processes underling the decline of narcissists' popularity over time. *Journal of Personality and Social Psychology, 109,* 856–871.

Lee, K., & Ashton, M. C. (2005). Psychopathy, Machiavellianism, and narcissism in the five factor model and the HEXACO model of personality structure. *Personality and Individual Differences, 38,* 1571–1582.

Maccoby, M. (2000). Narcissistic leaders: The incredible pros, the inevitable cons. *Harvard Business Review, 78,* 68–77.

Malesza, M., & Ostaszewski, P. (2016). Dark side of impulsivity: Associations between the dark triad, self-report and behavioral measures of impulsivity. *Personality and Individual Differences, 88,* 197–201.

Mann, R. D. (1959). A review of the relationships between personality and performance in small group. *Psychological Bulletin, 56,* 241–270.

Mathieu, C., & Babiak, P. (2015). Tell me who you are, I'll tell you how you lead: Beyond the full-range leadership model, the role of corporate psychopathy on employee attitudes. *Personality and Individual Differences, 87,* 8–12.

Mathieu, C., & Babiak, P. (2016). Corporate psychopathy and abusive subversion: Their influence on employees' job satisfaction and turnover intentions. *Personality and Individual Differences, 91,* 102–106.

Mathieu, C., Neumann, C. S., Hare, R. D., & Babiak, P. (2014). A dark side of leadership: Corporate psychopathy and its influence on employee well-being and job satisfaction. *Personality and Individual Differences, 59,* 83–88.

Mathieu, C., Neumann, C., Babiak, P., & Hare, R. D. (2015). Corporate psychopathy and the full-range leadership model. *Assessment, 22,* 267–278.

McClelland, D. C. (1975). *Power: The inner experience.* New York: Irvington.

McIlwain, D., Evans, J., Caldis, E., Cicchini, F., Aronstan, A., Wright, A., et al. (2012). Strange moralities: Vicarious emotion and moral emotions in Machiavellian and psychopathic personality styles. In R. Langdon & C. Mackenzie (Hrsg.), *Emotions, imagination, and moral reasoning* (S. 119–148). New York: Taylor & Francis.

Morf, C. C., & Rhodewalt, F. (2001). Unraveling the paradoxes of narcissism: A dynamic self-regulatory processing model. *Psychological Inquiry, 12,* 177–196.

Nagler, U. K. J., Reiter, K. J., Furtner, M. R., & Rauthmann, J. F. (2014). Is there a "dark intelligence"? Emotional intelligence is used by dark personalities to emotionally manipulate others. *Personality and Individual Differences, 65,* 47–52.

Nevicka, B., Ten Velden, F. S., De Hoogh, A. H. B., & Van Vianen, A. E. M. (2011). Reality at odds with perceptions: Narcissistic leaders and group performance. *Psychological Science, 22,* 1259–1264.

O'Boyle, E. H., Jr., Forsyth, D. R., Banks, G. C., & McDaniel, M. A. (2012). A meta-analysis of the dark triad and work behavior: A social exchange perspective. *Journal of Applied Psychology, 97,* 557–579.

Ong, C. W., Roberts, R., Arthur, C. A., Woodman, T., & Akehurst, S. (2016). The leadership is sinking: A temporal investigation of narcissistic leadership. *Journal of Personality, 84,* 237–247.

Pailing, A., Boon, J., & Egan, V. (2014). Personality, the dark triad and violence. *Personality and Individual Differences, 67,* 81–86.

Paulhus, D. L. (1998). Interpersonal and intrapsychic adaptiveness of trait self-enhancement: A mixed blessing? *Journal of Personality and Social Psychology, 74,* 1197–1208.

Paulhus, D. L. (2014). Toward a taxonomy of dark personalities. *Current Directions in Psychological Science, 23,* 421–426.

Paulhus, D. L., & Williams, K. M. (2002). The dark triad of personality: Narcissism, Machiavellianism, and psychopathy. *Journal of Research in Personality, 36,* 556–563.

Paunonen, S. V., Lönnqvist, J.-E., Verkasalo, M., Leikas, S., & Nissinen, V. (2006). Narcissism and emergent leadership in military cadets. *The Leadership Quarterly, 17,* 475–486.

Raskin, R., & Hall, C. S. (1979). A narcissistic personality inventory. *Psychological Reports, 45,* 590.

Roeser, K., McGregor, V. E., Stegmaier, S., Mathew, J., Kübler, A., & Meule, A. (2016). The dark triad of personality and unethical behavior at different times of day. *Personality and Individual Differences, 88,* 73–77.

Rosenthal, S. A., & Pittinsky, T. L. (2006). Narcissistic leadership. *The Leadership Quarterly, 17,* 617–633.

Simonton, D. K. (1986). Presidential personality: Biographical use of the Gough Adjective Check List. *Journal of Personality and Social Psychology, 51,* 149–160.

Son Hing, L. S., Bobocel, D. R., Zanna, M. P., & McBride, M. V. (2007). Authoritarian dynamics and unethical decision making: High social dominance orientation leaders and high right-wing authoritarianism followers. *Journal of Personality and Social Psychology, 92,* 67–81.

Spain, S. M., Harms, P., & Lebreton, J. M. (2013). The dark side of personality at work. *Journal of Organizational Behavior, 35,* 41–60.

Spencer, R. J., & Byrne, M. K. (2016). Relationship between the extent of psychopathic features among corporate managers and subsequent employee job satisfaction. *Personality and Individual Differences, 101,* 440–445.

Spurk, D., Keller, A. C., & Hirschi, A. (2016). Do bad guys get ahead or fall behind? Relationships of the dark triad of personality with objective and subjective career success. *Social Psychological and Personality Science, 7,* 113–121.

Veselka, L., Schermer, J. A., Martin, R. A., & Vernon, P. A. (2010). Relations between humor styles and the dark triad traits of personality. *Personality and Individual Differences, 48,* 772–774.

Volmer, J., Koch, I. K., & Göritz, A. S. (2016). The bright and the dark side of leaders' dark triad traits: Effects on subordinates' career success and well-being. *Personality and Individual Differences, 101,* 413–418.

Wai, M., & Tiliopoulos, N. (2012). The affective and cognitive empathic nature of the dark triad personality. *Personality and Individual Differences, 52,* 794–799.

Westerlaken, K. M., & Woods, P. R. (2013). The relationship between psychopathy and the full range leadership model. *Personality and Individual Differences, 54,* 41–46.

Williams, K. M., Paulhus, D. L., & Hare, R. D. (2007). Capturing the four-factor structure of psychopathy in college students via self-report. *Journal of Personality Assessment, 88,* 205–219.

Lesen Sie hier weiter

Marco Furtner

Empowering Leadership
Mit selbstverantwortlichen
Mitarbeitern zu Innovation
und Spitzenleistungen

2016, IX, 38 S.
Softcover: € 9,99
ISBN: 978-3-658-16059-3

Änderungen vorbehalten.
Erhältlich im Buchhandel oder beim Verlag.

Einfach portofrei bestellen:
leserservice@springer.com
tel +49 (0)6221 345-4301
springer.com